KB043750

순간에서 영원을 보다

옛시 읽는 CEO

옛시 한 수에서 배우는 창조적 영감

고두현 지음

순간에서 영원을 보다

21세기북스

늦봄에

매화 시들고 나니
해당화 새빨갛게 물이 들었네
들장미 피고 나면 꽃 다 피는가 하였더니
찔레꽃 가닥가닥 담장을 넘어오네.

— 왕기

暮春游小園

一從梅粉褪殘妝, 塗抹新紅上海棠.
開到荼蘼花事了, 絲絲天棘出莓墻.

찔레꽃 지고 나면 또 무엇이 넘어올까.
비 그친 봄 들판에 풀빛이 짙어오듯
여름 꽃, 가을 열매, 겨울 씨앗…….
희망을 품고 사는 사람의 담장은 언제나 풍요롭다.
그러니 누군가를 행복하게 해주고 싶거든
그의 소유를 늘리지 말고 내일의 양을 늘려주어라.

사람들은 산이 달보다 크다 말하네

백 년을 뿌리 내린 나무 한 그루가 마당을 환하게 하고, 동구 밖을 밝히고, 강 건너 마을까지 물들인다. 천 년을 무르익은 시 한 편이 생각의 물꼬를 터주고, 인생의 방향을 바꾸기도 한다.

　동서양을 막론하고 옛시에서 삶의 지혜와 아이디어를 얻는 사람이 많다. 페이스북 창업자인 마크 저커버그도 그랬다. 고대 로마 시인 베르길리우스의 장편 서사시 「아이네이스」에 심취한 그는 젊은이들과 함께 이 시를 읽고 많은 이야기를 나눴다. 토론 과정에서 20대의 반응을 심리학적 관점에서 분석했고, 이들이 친구의 관심에 따라 행동한다는 패턴을 발견했다. 이런 사회적 교감 위에서 페이스북이라는 세계 최대 소셜네트워크서비스(SNS)를 구축할 수 있었다.

　비자카드를 창업한 디 호크는 12세기 페르시아 시집 『루바이야트』를 늘 곁에 두고 읽었다. 아무도 생각지 못한 플라스틱 카드의 신개념 비즈니스를 창조한 '역발상의 지혜'도 이 시집에서 얻었다고 한다.

 인문학적 사고가 더없이 중요한 시대, '우물 안 개구리' 소리를 여러 번 하는 것보다 소동파의 「서림사 벽에 쓰다(題西林壁)」라는 시를 인용하는 게 훨씬 좋다.

 가로로 보면 고갯마루, 옆에서 보면 봉우리
 멀고 가깝고 높고 낮음이 제각기 다르구나
 여산의 참모습 알 수 없는 것은
 이 몸이 산 속에 있기 때문이라네.

 橫看成嶺側成峰, 遠近高低各不同.
 不識廬山眞面目, 只緣身在此山中.

 여산(廬山)의 진면목을 알 수 없었던 게 그 속에서만 보았기 때문이라는 대목에서 무릎을 탁 치게 된다.

산이 가깝고 달이 먼지라 달이 작게 느껴져
사람들은 산이 달보다 크다 말하네
만일 하늘처럼 큰 눈 가진 이가 있다면
산이 작고 달이 더 큰 것을 볼 수 있을 텐데.

山近月遠覺月小, 便道此山大於月.
若人有眼大如天, 還見山小月更闊.

　왕양명이 열한 살 때 쓴 시 「산에서 보는 달(蔽月山房詩)」이다.
자연을 어떻게 보느냐에 따라 마음의 풍경이 달라지는 것을 절
묘하게 표현했다. 단순한 원근법을 넘어 우주의 근본 이치를 꿰
뚫는 혜안이 놀랍다.
　하늘처럼 큰 눈으로 세상을 보게 해주는 힘, 그게 바로 시의
효용성이다. 옛시의 매력은 이보다 더 힘을 발휘한다. 상징과
은유, 비유와 응축의 묘미가 탁월하다. 법고창신(法古創新)의 거
창함을 내세울 필요도 없다. 옛것에서 배우는 새로움의 미학,
진실로 푸른빛은 벽공(碧空)의 깊이에서 나온다.

한시와 시조의 맛을 함께 나누는 이 책 『옛시 읽는 CEO, 순간에서 영원을 보다』는 근·현대시 위주의 『시 읽는 CEO, 처음 시작하는 이에게』와 짝을 이루는 '커플 북'이다. 키워드 중심의 짧은 제목을 단 전작 『옛시 읽는 CEO』에 시 6편과 그에 관한 글 6꼭지를 더했다. 새로운 감각을 입혀서 더 입체적인 편제를 갖췄다.

시를 읽으면 그 향기가 눈에서 입으로, 혀에서 입술로, 목젖에서 성대로 이어지는 기쁨을 맛볼 수 있다. 부드럽고 둥근 음향이 서로를 보듬어 안는 그 순간, 우리는 모두 연인이 된 듯 달달하고 말랑말랑해진다. 순간에서 영원을 발견하는 감성의 촉이 거기에서 벼려진다.

2016년 여름
고 두 현

차례

봄

시 한 줄이
세상을 움직인다

급할수록 더 빛나는 은유의 미학

그해 겨울 늦게 온 소포처럼

빨래터에서 생긴 일

어여쁜 그 얼굴은 어디로 가고

인간적인 매력이 없다면 어찌 사람이랴

산에서 배우는 인생의 보폭

초승달이 낫 같아 산마루 나무를 베는데

날것의 언어와 숙성의 언어

여백의 사고와 직관의 힘을 키워라

나침반을 돌리는 것은 나 자신이다

早發白帝城

朝辭白帝彩雲間，千里江陵一日還．
兩岸猿聲啼不住，輕舟已過萬重山．

아침 일찍 백제성을 떠나며

아침 노을 사이로 백제성을 작별하고
천 리 강릉을 하루 만에 돌아왔네
양쪽 강변에 원숭이 울음 그치지도 않았는데
경쾌한 배는 벌써 만 겹 산을 지났네.

— 이백

• 당시(唐詩) 중의 백미로 꼽히는 이백(李白, 701~762)의 「아침 일찍 백제성을 떠나며」이다. 이 시는 이백이 59세 때 영왕의 반란 사건에 연루되어 귀양을 가다가 백제성에서 사면을 받고 쓴 것이다. 복직하라는 명을 받고 천릿길을 하루 만에 돌아왔다며 천(千)과 일(一)을 대비시킨 대목에서 그가 얼마나 기뻐했는지 알 수 있다. 백제성은 삼국시대 유비가 죽은 곳이기도 하다. 강릉까지 약 600킬로미터 떨어져 있다. 실제로는 3일 정도 걸린다. 중간에 그 유명한 장강삼협이 있다.

급할수록 더 빛나는 은유의 미학

그날은 일요일이었다. 평소보다 느긋한 아침나절, 살랑거리는 봄바람이 더없이 부드러웠다. 그런데 갑자기 바깥이 소란해졌다. 우당탕 소리와 함께 곧 긴급 보고가 날아들었다.

"큰일 났습니다. 조금 전 우리 영공을 침범한 미군 정찰기를 요격하다가 전투기 한 대가 추락하고 조종사가 실종되는 사고가 발생했습니다. 충돌한 미군기는 우리 측 하이난다오(海南島) 군용비행장에 불시착했습니다."

2001년 4월 1일, 중남미 순방을 앞둔 장쩌민(江澤民) 중국 국가주석은 난감했다. "하필 이럴 때에……." 경제협력 문제로 미국과 화해 국면을 조성하려는 상황에서 예상치 못한 사고가 터진 것이다.

미국의 침략 행위에 미온적으로 대처하면 중국의 자존심에 큰 상처가 될 것이고, 그렇다고 너무 강경하게 나가자니 화해 무드가 깨질 판이었다.

그는 일단 미국 측에 공식 사과를 요구한 뒤 예정된 중남미 순방길에 올랐다. 그 사이 양국 정부의 공방전이 계속되었고, 일은 복잡하게 꼬이기 시작했다.

사방에서 기자들이 몰려들어 장 주석의 입장을 물었다. 이때 그는 침착하게 이백의 시 「아침 일찍 백제성을 떠나며」로 대답을 대신했다. 아무리 어려운 문제라도 통치자의 결단에 따라 순식간에 해결될 수 있다는 뜻이었다.

이를 눈치 챈 미국이 재빨리 공식 사과를 발표했고, 곧이어 중국은 미군 조종사들과 기체를 미국으로 돌려보냈다. 양국 간의 '뜨거운 감자'를 시적 은유로 절묘하게 해결한 것이다.

장쩌민 주석이 카스트로 쿠바 국가평의회의장과 나눈 '한시외교'는 더욱 드라마틱하다. 그는 카스트로 의장에게 "강 건너 비바람 미친 듯 거센데, 푸른 솔처럼 강직함은 산처럼 굳건하네(隔岸風聲狂帶雨, 靑松午骨定如山)"라는 구절이 담긴 칠언절구를 한 수 선사했다.

아침에 꽃구름 가득한 중국을 떠났는데
만 리 밖 남미에 온 지 열흘이 지났네.

강 건너 비바람은 미친 듯 거센데
푸른 솔처럼 강직함은 산처럼 굳건하네.

朝辭華夏彩雲間, 萬里南美十日還.
隔岸風聲狂帶雨, 靑松午骨定如山.

놀랍게도 이백의 시를 운율에 맞춰 패러디한 것이다.

이를 두고 홍콩 진후이(浸會) 대학의 황즈롄(黃枝連) 교수는 "군용기 충돌 사건과 미국의 쿠바 제재에 대해 두 나라가 공동으로 대응하면서 미국의 패권주의에 맞서나가자는 의미를 담은 것"이라고 분석했다.

시구 중의 '강 건너(隔岸)'는 대만 해협, 중국과 미국 간의 태평양 해협, 쿠바와 미국 간의 플로리다 해협을 가리킨다. 팍스 아메리카나의 야욕이 '비바람 미친 듯 거센데(風聲狂帶雨), 푸른 솔(靑松) 같은 의지로 의연하게 대처하면서 산처럼 굳건한 우의를 다지자'는 뜻이다. 이처럼 시는 국제관계의 큰 줄기를 돌려 놓는 물꼬가 되기도 한다.

국가 간의 외교현장에서만 시가 활용되는 것은 아니다. 우리나라에서도 고위 관료와 정치인, 기업 경영자들 사이에서 시가 중요한 매개 역할을 한다. 재정경제부(현 기획재정부) 차관 출신으로 우리금융지주 회장을 지내고 대통령실 경제수석비서관을 거쳐 지금은 한국경영자총협회 회장으로 있는 박병원 씨는 중국 사람을 만나면 소동파의 시를 중국어로 읊고, 프랑스 사람을 만나면 구르몽의 시를 프랑스어로 암송하면서 양국 간의 주요 현안을 일사천리로 풀어나간다. 그가 외우는 시는 영어, 불어, 일어, 중국어 등 8개국어 1천여 편에 달한다고 한다.

국가경영이나 기업경영이나 다를 것은 없다. 갑작스러운 일을 당했을 때, 순간적인 판단이 필요할 때, 잠시 호흡을 가다듬고 장쩌민 주석처럼 한 편의 시를 떠올려보자. '은유의 미학'은 급박한 상황일수록 더욱 빛난다.

寄家書

欲作家書說苦辛, 恐教愁殺白頭親.
陰山積雪深千丈, 却報今冬暖似春.

따뜻한 편지

집에 보낼 편지에 괴로움 말하려다
흰머리 어버이 근심할까 두려워
북녘 산에 쌓인 눈 천 길인데도
올 겨울은 봄날처럼 따뜻하다 적었네.

— 이안눌

• 조선의 이태백으로 불린 이안눌(李安訥, 1571~1637)이 함경도 관찰사 시절에 눈
이 천 길이나 쌓인 변방에서 겨울을 보내며 지은 시다.

그해 겨울 늦게 온 소포처럼

참으로 마음이 따뜻해지는 시다. 함경도 변방에서 추운 겨울을 보내는 아들이 고향 부모님께 보낸 편지에 '올 겨울은 봄날처럼 따뜻하다'고 적는다. 북녘 산에 쌓인 눈이 천 길이나 되지만 흰 머리 어버이가 걱정할까 마음 쓰여 그런 것이다. 얼마나 속 깊은 마음인가.

이 시를 읽을 때마다 그해 겨울이 떠오른다. 이안눌의 「따뜻한 편지」와는 거꾸로 어느 날 밤늦게 도착한 어머니의 편지와 소포에 관한 이야기다.

우여곡절 끝에 늦은 소포를 받은 그날, 나는 한참 동안 멍하게 앉아 있었다. 글씨로 봐서 어머니가 보내셨다는 것은 금방 알 수 있었다. 미리 전화도 없이 불쑥 소포 꾸러미가 도착하다니……. 노인네가 애들처럼 놀라게 해주려고 이러셨나?

겉포장을 뜯는 데도 한참 걸렸다. 우체국에서 흔히 쓰는 포장지에 중후장대한 고어체로 노끈 묶은 부분을 절묘하게 피해 가며 주소를 그려넣은(?) 품새가 영락없는 할마시 솜씨였다.

꽃게 등짝 같은 마분지를 벗겨내니 닳고 닳은 내의가 드러났다. 그걸 벗겼더니 낡은 버선이며 장갑 같은 것들이 또 나타났다. 그렇게 몇 차례 포장을 벗겨내고 보니 아, 그 안에서 쏘옥 알몸을 드러내는 녀석들이란……. 혹시라도 으깨지거나 상할까 봐 단술단지 싸듯 아듬고 보듬어서 보낸 남해산 유자 아홉 개였다.

왜 하필 유자란 말인가. 별스럽지도 않은 과실 몇 개 보내면서 이토록 금이야 옥이야 싸서 보내는 마음이 따로 있긴 하다.

내 고향 경상남도 남해에서 가장 정감 있는 것을 들라면 두말하지 않고 유자를 꼽는다. 알다시피 남해는 섬이다. 농사도 변변치 않고 무슨 장사를 할 수 있는 것도 아니어서 섬사람들은 호구책을 마련할 수밖에 없었다. 바다에 나가 고기잡이를 하는 것도 배가 있어야 하니 대부분은 언감생심 꿈도 꾸기 어렵다. 하다못해 갯벌에서 조개를 줍거나 미역을 따서 한 푼이라도 돈을 모아야 아이들 공부를 시킬 수 있었다. 지금이야 규모 있는 어장도 생기고 양식장이나 양어장이라도 있으니 좀 나아졌지만 이전에는 참으로 곤궁했다.

유자가 남해의 특산품으로 유명해진 것도 이런 궁핍한 환경 때문이다. 워낙 배고픈 지경에서 그나마 도드라져 보이는 '돈나무'였기에 사람들의 심중에 특별한 의미로 새겨졌을 것이다. 물론 자연환경이나 기후, 토양 등도 작용했다. 차갑고 억센 바닷바람은 유자를 더 단련시킨다.

유자는 남부 해안지방에서만 자란다. 그중에서도 남해 유자는 유독 성장이 느려 묘목을 심어놓고도 오랫동안 기다려야 과실을 볼 수 있다. 그래서 향기가 진하다.

집 뒤란이나 담장 너머 황금빛으로 타오르는 유자는 남해의 가을을 상징하는 진경이다. 요즘엔 남해마늘과 남해멸치가 더 많이 알려져 있다. 유자보다 마늘과 멸치가 실생활에 더 가까운 탓이겠지만 나는 유자에 더욱 특별한 정감을 느낀다. 향기나 유명세보다 그 성장 과정이 남다르고 의미 또한 각별하기 때문이다.

한때는 유자나무 몇 그루만 있어도 아이들을 대학에 보낼 수 있다고 해서 '대학나무'라고 부르기도 했다. 그런데 우리 집에는 그 대학나무가 한 그루도 없었다. 오랜 객지 생활에서 병만 얻은 아버지가 식구들을 이끌고 쓸쓸하게 귀향했던 터라 집안 형편은 궁색하기 그지없었다. 게다가 아버지는 내가 중학교 입학하던 해에 돌아가셨다. 내가 객지에서 고등학교와 대학교를 다니는 동안 혼자 남은 어머니가 겪었을 마음고생은 철이 든 뒤에도 다 헤아리지 못할 만큼 컸으리라.

어머니는 어릴 때부터 남들과 다른 환경에서 어렵게 키운 아들에게 늘 미안한 마음을 갖고 있었다고, 어느 해 아버지 제삿날 속내를 보이신 적이 있다. 그런 어머니에게 늠름한 유자나무, 대학나무의 위용은 얼마나 부러운 것이었을까.

게다가 소포 꾸러미 속에서 뒤늦게 발견한 편지 한 통은 나를 더욱 뭉클하게 했다. 어머니의 맞춤법은 자유자재였다. 그러나 그 속에는 어중간한 글쟁이보다 더 선명하고 사려 깊은 표현이 담겨 있었다. 말하자면 주제가 뚜렷한 글이었다.

"눈 뜨고도 코 베인다는 서울에서 그래 고생 많지. 우짜겠노 성심껏 살면 된다. 우리보다 더 힘든 사람들도 많다. 그러니 어렵더라도 참고 꼭 건강해야 한다. 몸이 힘이다……." 이런 내용

인데 이건 꼭 틀린 맞춤법 그대로 읽어야 어감이 온전하게 전해
져 온다.

> 큰 집 뒤따메 올 유자가 잘 댔다고
> 몃 개 따서 너어 보내니 춤울 때 다려 먹거라.
> 고생 만앗지야. 봄 볕치 풀리믄 또 조흔 일도 안 잇것나.
> 사람이 다 지 아래를 보고 사는 거라 어렵더라도 참고
> 반다시 몸만 성키 추스리라.

훈장집 딸로 태어난 어머니는 그나마 어깨너머로 글을 배우
셨다. 한문도 조금 깨치셨고 어른들이 다 저 세상으로 가신 뒤,
열세 살 때는 직접 제문을 짓기도 하셨다. 그렇지만 자고 나면
바뀌는 맞춤법을 제때 따라잡지 못해 편지를 쓰거나 누구네 생
일날을 기록할 때는 맞춤법이 제대로 맞지 않았다. 그걸 보고
내가 빙긋거리면 '반편이 글'이라도 모르는 것보다는 백 번 낫
다고 퉁을 주곤 했다.

모든 게 서투른 사회 초년병 시절, 서울살이의 곤궁한 밭이랑
사이에서 아등바등하던 그때. 어머니가 보내주신 유자 아홉 개

와 중세국어 문법으로 써내려간 편지를 생각하면 지금도 눈시울이 뜨거워진다.

객지에서 고생하는 자식이 행여 힘들까봐, 그 속내까지 미리 다 알고 배려하는 부모의 마음. 그것은 세상 무엇보다 더 위대한 '생각의 깊이'와 '배려의 폭'을 다 감싸 안는 사랑의 상징이자 '눈이 천 길이나 쌓인' 세상에서도 '봄날처럼 따뜻한' 마음을 갖게 해주는 삶의 온기였다.

그날 '남쪽 섬 먼 길을 해풍도 마르지 않고 바삐 온 어머님 겨울 안부'를 보듬고 나는 풀어 놓았던 몇 겹의 종이와 내의들을 다시 접었다 펼쳤다 하면서 밤새 잠들지 못했다. 무연히 콧등이 시큰거려 창밖을 내다보니 새벽 눈발이 하얗게 흩날리고 있었다.

어머니는 벌써 돌아가셨다. 그러나 아직도 내 곁에 현재형으로 살아 계신다. 유자껍질처럼 우둘투둘하지만 한없이 따뜻한 그 손으로 등을 다독거리며, 글 쓸 때나 말할 때나 남 생각부터 먼저 하라고. '봄볕치 풀리믄 또 조혼 일도 안 잇것나' 하면서 향기롭고 오래 남는 글을 쓰라고.

그날 밤에 쓴 시가 「늦게 온 소포」다.

늦게 온 소포

밤에 온 소포를 받고 문 닫지 못한다.
서투른 글씨로 동여맨 겹겹의 매듭마다
주름진 손마디 한데 묶여 도착한
어머님 겨울 안부, 남쪽 섬 먼 길을
해풍도 마르지 않고 바삐 왔구나.

울타리 없는 곳에 혼자 남아
빈 지붕만 지키는 쓸쓸함
두터운 마분지에 싸고 또 싸서
속엣것보다 포장 더 무겁게 담아 보낸
소포 끈 찬찬히 풀다보면 낯선 서울살이
찌든 생활의 겉꺼풀들도 하나씩 벗겨지고
오래된 장갑 버선 한 짝
헤진 내의까지 감기고 얽힌 무명실줄 따라

펼쳐지더니 드디어 한지더미 속에서 놀란 듯
얼굴 내미는 남해산 유자 아홉 개.

'큰 집 뒤따메 올 유자가 잘 댔다고 멫 개 따서
너어 보내니 춥울 때 다려 먹거라. 고생 만앗지야
봄 볕치 풀리믄 또 조흔 일도 안 잇것나. 사람이
다 지 아래를 보고 사는 거라 어렵더라도 참고
반다시 몸만 성키 추스리라'

헤쳐놓았던 몇 겹의 종이
다시 접었다 펼쳤다 밤새
남향의 문 닫지 못하고
무연히 콧등 시큰거려 내다본 밖으로
새벽 눈발이 하얗게 손 흔들며
글썽글썽 녹고 있다.

—고두현

濟危寶

浣紗溪上傍垂楊，執手論心白馬郎.
縱有連霄三月雨，指頭何忍洗餘香.

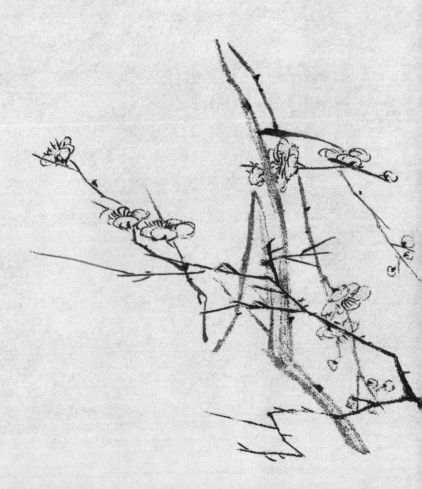

제위보

빨래터 시냇물 위 수양버들 곁에서
백마 탄 도련님과 손잡고 정 나눴네.
처마 끝 춘삼월 비 잇닿아 내린대도
손끝에 남은 향기 차마 어이 씻으랴.

—이제현

• 고려시대에 지어진 작자 미상의 가요로, 속악(俗樂)을 익재 이제현(李齊賢, 1287~1367)이 한역했다.

빨래터에서 생긴 일

버들가지 휘늘어진 시냇가에서 빨래하던 처녀가 백마 탄 도련님과 손잡고 사랑을 속삭였다. 집에 돌아온 뒤에도 달콤했던 그 순간을 잊을 수 없다. 손목에 와 닿던 감촉을 생각하니 가슴이 더욱 콩닥거린다. 겨우내 삭은 초가지붕 끝으로 춘삼월 봄비가 줄줄이 내린다한들 그 빗물로도 손끝에 묻은 임의 향기만은 씻어낼 수 없으리.

그 고결한 향기를 '차마 어이' 씻을 수 있겠느냐는 대목이 이 시의 백미요, 압권이다. 도대체 어떤 사연이 있었기에 이런 노래가 나왔을까.

『고려사(高麗史)』에 「악지(樂志)」편이 있다. 대중가요라고 할 만한 곡조를 속악(俗樂)이라고 하는데, 그중 한 수를 이제현이 한시로 옮긴 게 이 시다. 그런데 『고려사』에는 전혀 엉뚱한 이야기가 기록돼 있다. '어떤 부인이 죄를 지어 제위보(빈민이나 행려자들을 구호하는 관청)에서 노역하는 동안 남에게 손을 잡혀도 어쩌지 못하는 현실을 한탄하며 지은 노래'라는 것이다.

아낙이 지은 죄가 무엇인지는 자세히 알 길이 없다. 혹여나 애정에 관계된 것이었을까. 어느 날 빨래터에서 만난 남자와 남몰래 정분을 나눈 게 죄가 되고 말았을까. 두 손을 붙잡고 밀어를 속삭이던 남자는 곧 떠나고 안타까운 체취만 손끝에 남아 아직도 마음을 간질이고 있을까.

속악에서는 자신을 온전히 지키지 못한 여인의 한탄이 주제였지만, 이제현의 시에서는 청춘 남녀의 상열지사로 슬쩍 바뀌었다. 노래의 배경이 된 노역장과 빨래터가 다르고, 외간남자와 도련님이 다르고, 어찌해도 씻을 수 없는 손과 차마 씻을 수 없는 손이 다르다. 그러나 원망스러워 비탄하는 아낙네를 사랑스러운 영탄의 봄처녀로 바꾼 시인의 붓끝은 상큼하다. 원래 노래의 가사는 전하지 않고, 이제현의 한역시와 창작 경위만 내려오니 궁금증만 더 커진다.

그가 죽은 뒤 목은 이색(李穡)은 묘지명에서 '도덕의 으뜸이요, 문학의 종장(道德之首 文章之宗)'이라고 극찬했는데 충분히 그럴 만하다. 그의 시(詩)는 전아하면서도 웅혼했고 사(詞) 역

시 맛깔스러웠다. 충남 보령의 개화육필문예공원에 이 시 「제위
보」를 새긴 초대형 시비가 세워져 있다.

예나 지금이나 빨래터의 춘정은 사람의 감성을 묘하게 자극
한다. 김홍도나 신윤복의 빨래터 그림만 봐도 그렇다. 젖가슴을
반쯤 드러내고 머리를 감는 여인, 넓적다리를 내놓고 빨래하는
여인, 그 모습을 돌틈바구니에서 훔쳐보는 사내…….

빨래터에서 이뤄진 사랑도 많다. 황진이의 어머니도 열여덟
살 때 다리 밑에서 빨래하다 만난 남자와 눈이 맞아 그녀를 낳
았다.

고려 태조 왕건 역시 빨래하는 처녀에게 동해서 아들을 얻었
다. 여자의 출신 성분이 낮아 임신을 원치 않았기에 돗자리에
사정했으나 전날 용꿈을 꾼 그녀가 재빨리 정액을 쓸어 넣었다
고 한다. 그렇게 태어난 아들이 혜종이다. 어설픈 인공수정 때
문인지 얼굴에 돗자리 무늬가 있어 사람들은 그를 '돗자리 대왕'
으로 불렀다고 한다. 물론 야사에 나오는 얘기다.

내친 김에 이제현의 『역옹패설(櫟翁稗說)』식 입담을 빌려 우

스갯소리 한 자락을 덧붙여본다.

"아, 그 양반 성미가 조금만 더 급했더라면 '돗자리 대왕'이
아니라 '빨래판 대왕'이 나올 뻔했네 그려!"

도성 남쪽 장원에서

지난해 오늘 이 문 앞에서
사람 얼굴 복사꽃 서로 비쳐 붉었는데
어여쁜 그 얼굴은 어디로 가고
복사꽃만 예처럼 봄바람에 웃고 있네.

— 최호

題都城南莊

去年今日此門中, 人面桃花相映紅.
人面不知何處去, 桃花依舊笑春風.

• 최호(崔護)는 이백과 동시대의 시인이다. 이 작품에는 여인을 사모하는 마음이
잘 담겨 있다.

어여쁜 그 얼굴은 어디로 가고

당나라 시인 최호의 작품이다. 청년 시절, 청명절(淸明節)에 혼자 도성 남쪽으로 놀러갔던 최호는 복숭아꽃이 만발한 농장(農莊)을 발견했다. 갈증이라도 풀 생각으로 대문을 두드렸더니 복숭아꽃처럼 예쁜 아가씨가 문을 열었다. 물그릇을 가져오는 그 아리따운 모습이 복사꽃처럼 곱고 발그레했다.

아가씨를 잊지 못한 그는 이듬해 다시 그 농장을 찾았다. 그러나 복숭아꽃은 예전처럼 흐드러지게 피었건만 대문은 잠겨 있고 아가씨의 얼굴은 보이지 않았다. 안타까운 마음을 누를 수 없던 그는 대문에 시 한 수를 적어 놓고 자리를 떴다. 그게 바로 이 시다.

이 사연은 『본사시(本事詩)』와 『태평광기(太平廣記)』 등에 실려 있고, 원나라 때 「최호알장(崔護謁漿)」이라는 제목의 잡극(雜劇)으로도 만들어졌다.

덧붙여진 이야기도 있다. 며칠 뒤 그가 다시 그 집에 찾아갔더니 안에서 곡성이 들리는 게 아닌가. 무슨 일인가 하고 기웃거리니 노인이 나와 "내 딸이 문에 붙은 시를 읽고는 병이 나서 죽었네"라고 했다. 충격을 받은 그는 곧 빈소로 들어가 누워 있는 아가씨를 향해 "나 여기 왔소" 했고, 그러자 여인이 살아났다. 이후 그는 아가씨와 결혼했고, 머잖아 과거에 급제해 벼슬길에 올랐다고 한다.

이 시에 나오는 '인면도화(人面桃花)'는 복숭아꽃처럼 어여쁜 여인의 모습을 형용한다. 그러나 점차 사랑하는 사람을 다시 만나지 못하게 된 상황을 비유하는 고사성어로 쓰이게 됐다. 경치는 예전과 같지만 그 아름다움을 함께하던 연인은 곁에 없는 경우에도 쓰였다. 등려군이 부른 「인면도화」도 이 시로 만든 곡이다.

예부터 복숭아는 젊은 여인을 상징했다. 복숭아를 소재로 한 것으로 가장 오래된 시 「도요(桃夭)」도 그렇다.

어여쁜 복숭아나무
곱고 고운 꽃이로다

이 아가씨 시집가면
그 집을 화목케 하리

어여쁜 복숭아나무
많고 많은 열매로다
이 아가씨 시집가면
그 집을 화순케 하리

어여쁜 복숭아나무
그 잎이 무성하네
이 아가씨 시집가면
그 집안을 화목게 하리.

桃之夭夭 灼灼其華 之子于歸 宜其室家
桃之夭夭 有蕡其實 之子于歸 宜其家室
逃之夭夭 其葉蓁蓁 之子于歸 宜其家人.

『시경(詩經)』에 나오는 이 시는 싱싱한 복숭아나무와 화려한

꽃, 많은 열매, 무성한 잎을 통해 시집 가는 아가씨의 집안 화평을 기원하고 있다. 아들딸 낳고 잘살라는 축혼가(祝婚歌)이기도 하다. 여기서도 복숭아꽃과 열매, 잎은 모두 여성을 상징한다. 도(桃)는 여인을 복숭아꽃에 비유한 것이고, 요(夭)는 젊고 아름답다는 뜻이며, 귀(歸)는 시집간다는 뜻이다. 복숭아꽃 필 무렵 불어난 시냇물을 도화수(桃花水)라고 하는데, 그 모습 또한 무릉도원과 비슷하다.

이화우 흩뿌릴 제

이화우 흩뿌릴 제 울며 잡고 이별한 님
추풍낙엽에 저도 날 생각는가
천 리에 외로운 꿈만 오락가락하노매.

― 매창

梨花雨 훗쑐릴 제

梨花雨 훗쑐릴 제 울며 잡고 離別흔님
秋風落葉에 저도 날 싱각눈가
千里에 외로온 쑴만 오락가락흐노매

• 매창(梅窓, 1573~1610)은 16세기 조선의 뛰어난 여성 시인이다. 기생으로 시와
노래, 거문고에 능해 황진이와 비견된다. 이화우(梨花雨)는 비 오듯 떨어져 내리
는 배꽃 이파리를 뜻한다.

인간적인 매력이 없다면 어찌 사람이랴

임진왜란이 일어나기 일 년 전 봄날이었다. 전라북도 부안 사또
가 한양에서 온 친구를 위해 향연을 베풀었다. 그 자리에는 훗
날 조선 3대 여성 문인으로 불릴 부안 기생 매창(梅窓)도 자리
했다.

그녀는 오늘 잔치의 초대 손님이 당대 최고의 위항시인(서얼,
천민 출신으로 새로운 문학 장르를 개척한 시인)이라는 말만 들었
다. 매창은 설렘을 감추지 못하고 "그 유명한 유(劉)와 백(白) 두
사람 중 누구입니까?"라고 물었다. 남자는 말없이 유(劉)자가
수놓인 도포자락을 들어 자신을 밝혔다.

서자 출신으로 예학의 최고봉이자 대시인이 된 유희경(劉希
慶)과 서녀 출신의 명기 매창의 운명적인 만남은 이렇게 시작되
었다. 매창이 큰 절을 올리고 잔에 술을 따르자 유희경은 시 한
수로 응대했다.

나에게 신기로운 선약이 있어
찡그린 얼굴까지 펼 수 있으니
금낭 속에 간직한 보배로운 그 약
정다운 그대에게 아낌없이 주리라.

我有一仙藥, 能醫玉頰嚬.
深藏錦囊裡, 欲與有情人.

유희경의 음율에 매창이 거문고를 타며 화답했다. 그녀의 대
답 역시 멋들어졌다.

내게는 옛날의 거문고 있어
한번 타면 백 가지 감회가 다 생긴다오
세상사람 이 곡조 몰라주니
먼 옛적 생황에나 맞추어보리.

我有古奏箏, 一彈百感生.
世無知此曲, 遙和謳山笙.

예학에 몰두하느라 마흔 중반까지 여색을 가까이 하지 않았던 유희경이 처음으로 풍류의 참맛을 느끼는 순간이었다. 꽃다운 십 대 후반의 매창으로서도 한 차원 높은 시적 성취를 맛보는 자리였다.

유희경의 풍류는 여느 사람과 달랐다. 술에 취해 집적거리기를 좋아하는 뭇 남정네들과 달리 그에게선 인간적인 매력이 풍겨 나왔다. 깊은 교감이 이뤄진 그날 밤 이후, 둘의 사랑은 시와 거문고와 노래를 타고 더욱 뜨거워졌다. 계절이 바뀔수록 이들의 정은 더욱 깊고 도타워졌다.

그러나 임진년 4월, 왜군이 쳐들어오고 스무 날 만에 한양이 점령되자 부안 관아의 아전들이 허둥대기 시작했다. 임금이 의주까지 몽진(蒙塵)했다는 소식도 들려왔다. 일 년을 하루같이 살던 달콤함은 어디 가고 가슴 시린 이별의 순간이 온 것이다. 매창을 두고 떠난 유희경은 이별의 슬픔을 추스르지도 못한 채 도원수 권율 장군 휘하에서 서울로 이동했고, 나중에는 의병을 모아 적진을 누볐다. 전쟁은 끝날 기미가 없고, 육로에서는 패전 소식만 전해져 왔다.

어느새 가을이 깊었다. 애타게 그리는 임은 무사한지, 전란 속에 소식이 없으니 가슴만 무거웠다. 그때 매창이 지은 시조가 바로 「이화우 흩뿌릴 제」다. 유희경을 만나기 전까지 어느 남자에게도 진정을 주지 않던 매창과 그녀를 만나기 전까지 기생을 가까이 하지 않았던 유희경. 두 사람의 사랑은 기생과 서얼이라는 신분적 교감에 문학적 공통분모까지 곁들여져 애절함을 더했다. 고아함과 지조의 상징인 매화를 호에 쓸 정도로 절개를 중히 여긴 매창이 인간적인 덕성을 늘 앞자리에 놓는 유희경에게 지극한 사랑을 느낀 건 당연한 일이었다.

어디 남녀 사이에만 그럴까. 세상을 움직이는 위인들의 첫 번째 덕목도 인간적인 매력이었다.

중국 원나라 말기, 두 사람이 천하를 얻기 위해 싸우고 있었다. 한 사람은 소금장수 출신의 장사성(張士誠)이고, 또 한 사람은 절에 버려졌던 고아 출신의 주원장(朱元璋)이었다.

주원장은 장사성의 주력부대를 공격하기 위해 포위 전략을 펼치기로 했다. 적의 배후로 가는 길에 협곡을 지나게 되었다. 그때 협곡의 외길 한가운데서 산오리 한 마리가 알을 품고 있는 것을 발견했다. 주원장은 새끼를 품은 동물을 해치면 업보를 받는다는, 어린 시절 절에서 들은 가르침을 떠올렸다. 결국 진군을 포기하고 산오리가 새끼 여덟 마리를 낳아 제 발로 길에서 벗어날 때까지 여러 날을 기다렸다.

주원장이 길에서 시간을 허비하는 동안 장사성은 그의 작전을 눈치 채고 역공을 펼쳤다. 전세는 주원장에게 매우 불리했다. 그런데 이때부터 이해하지 못할 일들이 벌어졌다. 상황은 분명 장사성에게 유리한데 오히려 부장들이 부하들을 데리고 주원장에게 투항하기 시작한 것이다. 전쟁에서 오리 한 마리의 생명까지 소중히 여기는 '인간적인 장수'라면 믿고 따를 수 있는 큰 그릇이라고 판단했기 때문이다. 이로써 주원장은 많은 피를 보지 않고도 천하를 얻었다. 인간적인 리더십의 승리였다.

일본 막부 시대의 영웅 도쿠가와 이에야스도 인간적인 매력으로 신뢰를 얻은 리더이다. 경쟁자인 도요토미 히데요시가 명검을 자랑하자 그는 이렇게 응수했다.

"나에겐 별다른 보물이 없다. 그러나 나를 위해 목숨을 바칠 부하 5백 명이 있다. 그들이 내 최고의 보물이다."

그가 부하들의 전폭적인 신뢰를 받을 수 있었던 비결 중 가장 큰 것은 '믿음에 대한 절대적인 가치'다. 그는 적장의 부하일지라도 충성심이 강한 사람은 처벌하지 않고 "돌아가 주군에게 충성을 다하라"며 살려 보냈다.

진정한 리더의 조건 중에서 가장 으뜸은 인간적인 덕성이다. 배려와 공감이라는 키워드가 새로운 리더십의 코드로 떠오른 것도 이런 이유일 것이다. '섬김 리더십'이란 말도 괜히 생긴 게 아니다. 이제는 카리스마가 아닌 섬김과 교감, 배려의 리더십이 더 큰 공감을 얻는 시대다.

줏대 없이 무조건 떠받드는 것이 아니라 궁극적으로 인간적인 매력과 신뢰에 바탕을 둔 리더십. 그래서 가장 뛰어난 리더의 수식어는 항상 '가장 인간적'이라는 표현이다.

산행

산길을 가다 보면 쉬는 것을 잊고
앉아서 쉬다 보면 가는 것을 잊네
소나무 그늘 아래 말을 세우고 짐짓 물소리를 듣기도 하네
뒤따라오던 사람 몇이 나를 앞질러 가기로손
제각기 갈 길 가는 터 또 무엇을 다툴 것이랴.

—송익필

山行

山行忘坐坐忘行, 歇馬松陰聽水聲.
後我幾人先我去, 各歸其止又何爭.

• 송익필(宋翼弼, 1534~1599)은 성리학과 예학에 통달했던 조선 중기의 학자다.
'8대 문장가'의 한 사람으로 꼽혔으며, 시와 글씨에서도 일가를 이루었다.

산에서 배우는 인생의 보폭

송익필의 「산행」을 처음 읽으면서는 '음, 산행이란 게 우리 인생과 같지. 뒤에 오던 몇 사람이 나를 앞질러간들 뭐 어떠랴. 쓸데없는 속도 경쟁에 내몰릴 필요 없이 나만의 길을 가면 되지'라고 생각했다. 두 번째 읽는 동안에는 '아하, 소나무 그늘 아래에서 물소리도 들어가며 앞뒤 사방 둘러보는 여유도 얼마나 중요한가'라고 생각했다.

그러다가 산행 자체를 '나만의 길'로 여기고 평생을 산 한 사람을 떠올렸다. 휴먼재단을 설립한 산악인 엄홍길 씨. 세계 최초로 히말라야의 8천 미터급 봉우리 열여섯 개를 모두 정복한 산 사나이가 산악재단이 아니라 휴먼재단을 세웠다니……

산에서 나고 산에서 자란 그는 어릴 때부터 산을 타는 데 도사였다. 누구보다 걸음이 빨랐고, 정상에도 먼저 올라갔다. '뒤따라오던 사람'들이 그를 앞질러가는 것을 결코 용납하지 못하는 성미였다.

그러나 세계에서 가장 높은 봉우리까지 다 오른 그는 이제 앞서거니 뒤서거니 다투지 않는다.

산에 오르는 동안 죽을 고비를 무수히 넘긴 그는 2007년 5월 31일 16좌의 마지막 봉우리인 로체샤르에 오르고 난 뒤 비로소 이런 생각이 들었다고 한다. '히말라야는 왜 나를 살려서 돌려보내준 것일까. 세상에 나가 무언가를 하라고 돌려보내 준 것 같다. 히말라야에서 받은 깊은 은혜를 산으로 되돌려주라는 것, 그것이 히말라야의 산들과 신이 나를 살려서 돌려보낸 이유다.'

그래서 그는 귀국 후 제2의 인생을 시작했다. 신체장애와 지적장애, 온몸에 화상을 입고 힘들어하는 아이들과 산에 오르고, 기업이나 학교, 관공서, 복지기관 등에서 강연을 통해 자신이 수없이 겪은 실패와 좌절, 도전 이야기를 들려주며 꿈과 용기를 북돋워주는 것이었다.

그는 실패를 거듭하면서도 자신과 싸우고 도전하는 과정이 곧 '나를 오르고 나의 정신과 영혼을 더 높이 성장시키기 위한 것'이라고 말한다. 더욱 중요한 것은 '올랐다'라는 결과가 아니라 '오르는 과정'이라고 강조한다. 정상의 기쁨은 아주 잠시이기에 힘든 과정을 즐겨야 한다는 것이다.

그는 '풍요의 여신' 안나푸르나를 4전 5기 끝에 올랐다. 네 번째 실패했을 때는 오른쪽 발목이 180도 돌아가는 중상을 입고 더 이상 산에 오르지 못할 것이라는 진단을 받았다. 그러나 쇠핀이 박힌 다리를 끌며 다시 등산을 시작했다. 마침내 그는 1999년 4월 안나푸르나에 올랐고, 여기서 큰 깨달음을 얻었다. 그는 이렇게 말했다. "산이 인간의 한계를 시험하는 대상이라고 생각했던 나에게 안나푸르나는 '산이란 경외의 대상'임을 알려주었다. 기고만장하고 오만했던 나를 안나푸르나가 일깨워준 것이다. 산이 받아주어야 오를 수 있다는 것, 산은 살아 움직인다는 것을."

그가 네팔을 비롯한 빈곤국의 교육과 의료를 지원하고 국내 소년소녀 가장, 장애인, 소외계층에 도전정신과 희망을 심어주기 위해 '엄홍길 휴먼재단'을 발족한 이유가 바로 여기에 있다. 그는 이렇게 말했다. "내가 앞으로 올라야 할 산들은 바로 이웃들이 겪는 아픔과 고통의 산이다. 이제 다시 시작이다."

또 한 사람, 엄홍길 씨가 속한 한국산악회에서 회장을 맡았던 최홍건 전 산업자원부 차관도 산에서 인생을 배운 사람이다. 그는 중학교 2학년 때부터 아버지를 따라 산에 다녔다고 한다. 고등학생 때는 로프를 매고 북한산 인수봉을 올랐고, 대학에 진학해서는 아예 산악 동아리에 들었다. 졸업 후 공직에 있으면서는 산을 자주 타지 못했지만 산업자원부 차관을 마치고 한국산업기술대학교 총장에 취임한 뒤에는 '세계의 지붕'들을 차례로 섭렵했다.

유럽 최고봉인 러시아의 엘브르스(5,642미터)를 비롯해 아프리카 최고봉인 킬리만자로(5,895미터), 히말라야의 안나푸르나(8,091미터)와 임자체(6,189미터), 알프스의 몽블랑(4,807미터)도 모자라 60세 이상 노인들로만 구성한 '실버원정대'를 이끌고 에베레스트 최고령을 등반하는 기록까지 세웠다. 이쯤 되면 아마추어로선 산에 관한 한 최고의 경지에 오른 셈이다. 그러나 그는 오히려 몸을 낮춘다.

"산은 정상에 다다를수록 경사가 급해집니다. 경사가 급해지면 몸을 숙이지 않고는 오를 재간이 없습니다. 흔히 사람들은 정상을 끝이라고 생각하기 쉬운데 절대 그렇지 않습니다. 안전한 하산까지 마무리해야 비로소 등산에 성공하는 것이지요."

세계 최고의 프로 산악인이나 한국 최고의 아마추어 등반가

나 '높은 곳에 오르고 나면 비로소 낮아진다'는 이치를 깨달은 것은 똑같다.

산길을 가다 보면 걸음이 빠른 사람도 있고 느린 사람도 있다. 사람마다 체력이나 취향, 목적도 다르다. 그러나 산행에서 배우는 원리는 하나다. 삶의 보폭이 다르다 해서 누가 앞서고 누가 뒤처지는 것이 아니라는 사실이다. 제각기 갈 길 가는데 무엇을 다툴 것이랴.

초승달

초승달이 낫 같아
산마루의 나무를 베는데
땅 위에 넘어져도 소리 나지 않고
곁가지가 길 위에 가로 걸리네.

— 곽말약

新月

新月如鎌刀, 斫上山頭樹.
倒地却無聲, 游枝亦橫路.

• 곽말약(郭沫若, 1892~1978)은 중국의 시인이자 사학자이다. 일본 유학 때 독일
어를 처음 배웠는데, 초승달을 뜻하는 독일어(Mondsichel)가 일본어 '겸도(鎌刀)'
로 번역된 것에 착안해 이 작품을 썼다.

초승달이 낫 같아 산마루 나무를 베는데

초승달의 생김새가 낫과 같아서 산마루의 나무를 벤다는 발상이 참 신선하다. 그렇게 베어진 나무는 넘어져도 소리가 나지 않는다니. 곁가지가 길 위에 가로 걸린다는 표현은 또 얼마나 기발한가!

똑같은 사물이나 환경도 어떤 감각으로 재해석하느냐에 따라 이렇게 다르다. 발명도 마찬가지다. 전문지식이 뛰어나야 발명가가 되는 것이 아니다. 일상 속의 세심한 관찰과 아이디어가 결합해 놀라운 발명품이 나온다.

부부 발명가인 김성훈 씨와 박란 씨가 그런 경우다. 그들의 발명은 생활 속의 작은 불편을 없애려는 아이디어와 그것을 실현하기 위한 '즐거운 고민'에서 비롯되었다. 제품으로 출시되지 않았지만 양손에 물건을 들고 있을 때 냉장고 문을 열려고 낑낑대다가 생각해낸 것이 바로 '발로 여는 냉장고'였다.

명절이나 제사 때 음식을 한꺼번에 많이 준비하려면 가스레인지의 불을 다 켜야 한다. 한여름에는 더 곤혹이다. 에어컨을 켜도 소용이 없다. 그래서 생각해낸 것이 가스레인지 앞에 냉풍기를 설치하고 냉기막을 세우는 것이었다. 이것을 발명한 박란 씨는 여성발명가협회 공모전에서 특허청장상을 받았다.

그뿐만이 아니다. '어린이 승하차 보호기'를 만들어 대한민국 세계여성발명대회에서 금상을 차지했다. '어린이 승하차 보호기'는 별도의 전원이 필요 없고 차에 간단하게 부착할 수 있으며, 문이 열리면 차체에 부착된 경고판이 펼쳐져 옆에서 오는 오토바이나 자전거를 막아준다.

이 모든 것이 아이를 키우고 집에서 살림하며 생각해낸 아이디어들이다. 여느 주부와 같은 환경에서도 새로운 감각으로 사물을 보았기 때문에 이런 발명이 가능했던 것이다.

P&G가 개발한 어린이 칫솔은 어떤가. 지금은 어린이 칫솔을 쉽게 볼 수 있지만, 이 역시 탁월한 상상력의 산물이다. 어린이 칫솔이 나오기 전까지는 P&G도 그냥 작은 칫솔을 만들어 어린이 제품으로 팔았다. 그러다가 1990년대 말, 한 디자인 업체에 오랄B 칫솔의 제품 개선을 의뢰했다. 업체는 고정관념을 벗어

던지고 아이들의 입장에서 그들을 집중적으로 관찰했다. 그 결과 아이들은 손바닥 전체로 손잡이를 잡고 양치질을 한다는 사실을 발견했다. 그런데 기존의 칫솔은 꽉 잡기가 불편하고 손에서 잘 미끄러져 떨어지기 일쑤였다. 분석 끝에 이 업체는 끈끈한 고무를 손잡이 부분에 붙여 아이들 손에 맞는 칫솔을 만들어 냈다. 결과는 대히트였다. '칫솔은 이래야 한다'는 통념을 뒤집었기에 가능한 성공이었다.

신선한 감각이란 우리 곁의 사소한 것들을 '발상의 전환'이라는 렌즈로 보는 것이다. 일상과 통념에 매몰되어 있는 우리의 뇌와 마음을 새롭게 바꿔 보는 것, 이것이 곧 '초승달로 산마루의 나무를 베는' 아이디어다. 3M의 포스트잇이나 듀폰의 나일론, 켈로그의 시리얼, HP의 잉크젯 프린터도 우연의 산물인 것 같지만 사실은 그 가치를 알아본 '상상력의 변곡점'이 재탄생시킨 걸작이다.

곽말약의 「초승달」과 황진이의 「반달(詠半月)」을 비교하며 읽어봐도 재미있다.

누가 곤륜산의 옥을 잘라
직녀의 머리빗을 만들었나
견우가 떠나간 뒤
수심 겨워 저 하늘에 던져버린 것.

誰斷崑崙玉, 裁成織女梳.
牽牛一去後, 愁擲碧虛空.

곽말약은 초승달을 낫에 비유했고, 황진이는 반달을 머리빗
에 비유했다. 두 사람의 상상력은 낫이나 머리빗이라는 상징물
을 넘어 시공간을 초월한다. 초승달과 일본의 렴도(낫), 반달과
곤륜산의 옥을 연결짓는 방식이 매우 참신하다.

아름다운 옥이 많이 나는 곤륜산을 끌어오더니 그것으로 직
녀의 머리빗을 만들고, 견우와 헤어지고 난 뒤 상심해서 허허로
운 하늘에 던져버린 것이 반달이라니⋯⋯. 이처럼 상상력의 경
계란 끝이 없다.

칠보시

콩깍지를 태워 콩을 삶네

콩을 걸러 즙을 만드네

콩깍지는 가마 밑에서 타는데

콩은 가마 안에서 우네

본래 한 뿌리에서 나왔거늘

서로 볶기를 어찌 그리 급한가.

─조식

七步詩

煮豆持作羹, 漉豉以爲汁.
其在釜底然, 豆在釜中泣.
本是同根生, 相煎何太急.

• 조식(曹植, 192~232)은 위(魏)나라 조조(曹操)의 아들로, 재주가 뛰어났지만 형의 위세에 눌려 오랫동안 변방을 떠돌아다녔다.

날것의 언어와 숙성의 언어

조조의 아들 중에서 가장 재주가 뛰어난 인물은 셋째 조식이었다. 조식의 문재(文才)는 출중했다. 어릴 때부터 나라 안팎의 칭송이 그치질 않았다. 그를 총애한 조조가 맏아들 조비를 제쳐놓고 후사를 이을 생각까지 할 정도였다.

맏이인 조비는 그런 동생을 몹시 미워했다. 후계 문제에서도 밀릴 뻔하자 그의 증오와 질투는 극에 달했다. 조조가 세상을 떠난 뒤, 제위에 오른 그는 동생을 죽이려고 작정했다. 그러나 혈육을 죽였다고 비난을 받을까 두려워 조건을 하나 내걸었다.

"네 글재주가 좋다고 하니 일곱 걸음 안에 시를 한 수 지어봐라. 성공하면 살려줄 것이고 그렇지 못하면 칙령을 어긴 죄로 처형하겠노라."

이 기막힌 상황에서 나온 것이 바로 「칠보시」다. 콩과 콩깍지가 모두 같은 뿌리에서 나온 것에 비유하며 형제간의 골육상쟁을 풍자한 것이다. 목숨이 왔다갔다하는 절체절명의 순간에 조식이 격한 감정을 이기지 못하고 '대결적 언어'로 맞섰다면 어찌 되었을까?

지금도 형제간이나 동족간의 싸움에 자주 인용되는 이 시는 즉자적인 '날것의 언어'보다 은유와 상징을 녹여낸 '숙성의 언어'가 훨씬 큰 힘을 발휘한다는 사실을 잘 보여준다. 나아가 '소통의 기술'이 얼마나 중요한지를 일깨워준다.

이는 2천여 년의 세월을 뛰어넘어 미국의 흑인 지도자 마틴 루터 킹 목사의 '소통'과도 통한다. 1956년 1월 3일 밤 9시 30분, 킹 목사의 집 베란다에서 폭탄이 터졌다. 놀란 아내와 딸이 급히 다른 방으로 피했고, 그 순간 또 한 번의 폭발음과 함께 집안의 유리창이 박살났다.

다른 곳에서 연설 중이던 킹 목사는 급히 집으로 달려갔다. 이미 엄청난 인파가 몰려들어 경찰과 실랑이를 벌이고 있었다. 모두 흥분한 상태였다. 무기를 든 사람들도 있었다. 일촉즉발의 위기감이 감돌았다. 이때 킹 목사가 부서진 베란다에 올라서서 군중을 향해 조용히 손을 들어올렸다. 그리고 낮은 음성으로 말했다.

"제 아내와 아이는 무사합니다. 제발 무기를 버리고 집으로 돌아가십시오. 복수로는 문제를 해결할 수 없습니다. '칼을 쓰는 자는 칼로 망한다'는 예수님의 말씀을 기억합시다. 백인 형제들이 우리에게 어떤 일을 하든 우리는 그들을 사랑해야 합니다. 우리가 그들을 사랑한다는 것을 보여줘야 합니다. 증오를 사랑으로 이겨야 합니다. 그러면 우리는 승리할 것입니다. 확신을 갖고 집으로 돌아가십시오."

이윽고 사람들이 하나둘 집으로 돌아갔고, 우려했던 충돌사태는 일어나지 않았다. 그 자리에 있던 한 경관은 "흑인 목사가 아니었다면 우리는 지금 모두 시체가 됐을 것"이라고 말했다.

킹 목사가 조금이라도 흥분했더라면 엄청난 유혈사태가 빚어졌을 것이다. 그러나 그는 핏발 선 군중을 향해 가장 '낮은 목소리'로 말했다. "무기가 아니라 사랑의 힘으로 승리해야 한다"고. 지금 눈앞의 '적'에게 곡괭이와 삽을 휘두르는 것보다 더 중요한 것은 흑인이든 백인이든 모든 사람을 '아군'으로 만드는 것이라고. 그것이 진정한 승리의 길이라는 것을 일깨워주었던 것이다. 그가 위대한 지도자로 추앙받고 최연소 노벨평화상 수상자가 된 힘도 이 같은 '숙성의 언어'에서 나왔다.

이처럼 진정한 소통은 '잘 익은 언어'에서 비롯된다. 자신의 생각을 일방적으로 강요하거나 앞뒤돌아보지 않고 되받아치는 것은 소통이 아니라 불통을 자초하는 일이다. 이미 동서고금의 수많은 고전과 명구들이 다 알려준 교훈인데도 우리는 이 소중한 원리를 자주 잊어버리곤 한다.

직장이나 사회에서도 마찬가지다. 툭하면 '삿대질 어법'으로 서로 상처를 입히고, 자기 생각과 조금이라도 다르면 '날것의 언어'로 마구 공격하는 사람들이 많다. 어쩌다 상대방이 '낮은 목소리'로 차근차근 설명하려 하면 거두절미하고 딱 자르며 되레 승리자가 된 것처럼 의기양양해한다. 이런 사람들은 어떤 조직에서든 적을 만들고 결국엔 스스로 좌초되기 마련이다.

우리 모두 같은 뿌리에서 난 '콩'과 '콩깍지' 아닌가. 참다운 '소통의 기술'을 익힌 사람이 많아야 성숙한 사회가 되고, 성숙한 사회가 되어야 성숙한 국가도 이루어진다.

동호의 봄물결

동호의 봄물결은 쪽빛보다 푸르러

또렷하게 보이는 건 두세 마리 해오라기!

노를 젓는 소리에 새들은 날아가고

노을진 산빛만이 강물 밑에 가득하다.

―정초부

東湖

東湖春水碧於藍, 白鳥分明見兩三.
柔櫓一聲飛去盡, 夕陽山色滿空潭.

• 동호는 지금의 서울 옥수동 부근 한강. 이 시는 18세기 후반을 대표하는 서정
시로, 정초부(鄭樵夫, 1714~1789)라는 이름을 유명하게 만든 작품이다.

나침반을 돌리는 것은 나 자신이다

안대회 교수의 글을 읽다가 김홍도의 「도강도(渡江圖)」에 적힌 이 시를 발견했다. 봄날 오후의 고즈넉한 한강 풍경이 한 폭의 그림 같다. 그림에 작자의 이름이 없어 김홍도의 시로 잘못 알려지기도 했던 작품이다.

　이 시의 주인공인 정초부는 조선 정조 때의 사람으로 본명은 정봉(鄭鳳)이다. 초부란 나무꾼을 뜻하니 그 이름의 뜻이 '정씨 나무꾼'인 셈이다. 그는 명문가인 여씨 집안의 노비였다. 어릴 때부터 낮에는 나뭇짐을 해오고 밤에는 주인을 모시고 잤는데, 곁에서 주인이 책 읽는 소리를 듣고 이를 외를 정도로 재주가 남달랐다. 이런 그를 기특하게 여긴 주인이 자제들과 함께 글을 읽도록 했더니 익히는 속도가 매우 빨랐다. 그는 곧 '시 잘 짓는 나무꾼'으로 경기 일대에 명성이 자자해졌다. 특히 과거시험에 필요한 과시(科詩)를 잘 지어 주인집 자제들이 급제할 수 있게 도와주었다.

덕분에 그는 양인으로 신분이 올라갔다. 그러나 양인이 된 뒤에도 전처럼 나무를 해서 서울 동대문에 내다 팔았다. 그는 지식을 뽐내기보다 정감이 넘치는 시를 많이 지었다. 하층민이라고 해서 독설과 비판이 담겨 있을 것 같지만 오히려 속으로 삭이고 견디는 자세가 돋보인다는 평을 들었다.

또 다른 시에도 그런 면모가 잘 드러나 있다. 가난한 그가 관아에 찾아가 쌀을 꾸려고 했으나 호적대장에 그의 이름이 없어 거절을 당했다. 쌀을 구하지 못한 그는 주변의 누각에 올라가 서글픈 마음을 시로 표현했다.

새는 옛날부터 산 사람 얼굴을 알고 있건만
관아의 호적에는 아예 들 사람 이름이 빠졌구나
큰 창고에 쌓인 쌀을 한 톨도 얻기 어려워
강가 다락에 홀로 기대어 저녁밥 짓는 연기만 바라보네.

山禽舊識山人面, 郡藉今無野老名.
一粒難分太倉粟, 江樓獨倚暮烟生.

군수가 이를 듣고 설마 하는 마음에 불러다가 다른 제목을 주어 시를 지어보라고 했다. 그가 그 자리에서 시를 지어내자 군수가 깜짝 놀라 쌀을 하사한 뒤 그 사실을 널리 알렸다. 그때부터 사대부들은 다투어 정초부와 시를 주고받으려 했다.

'운명은 스스로 만드는 것'이라는 진리를 그 옛날 나무꾼 시인이 온몸으로 보여준 것이다.

여름

번개를 보면서도 삶이 한순간인 걸 모르다니!

내 속에 당신 있고, 당신 속에 내가 있네
아버지 생각날 때마다 형을 봤는데……
애끓는 심정으로 사람을 품어라
하늘 아래 이루지 못할 일은 없다
혜안을 가지면 수박씨에서 단맛을 본다
사람을 보는 안목이 더 중요하다
위대함의 시작은 미약함이다
사자의 힘과 여우의 지략을 함께 써라
긍정의 힘이 통찰을 낳는다

아농사

당신과 나, 너무나 정이 깊어 불같이 뜨거웠지
한 줌 진흙으로 당신 하나 빚고 나 하나 만드네
우리 둘 함께 부숴 물에다 섞어서는
다시 당신을 빚고 나를 만드네
내 속에 당신 있고 당신 속에 내가 있네
살아서는 한 이불 덮고 죽어서는 한 무덤에 묻힌다네.

我儂詞

你儂我儂, 忒煞情多, 情多處, 熱似火.
把一塊泥, 捻一個你, 塑一個我.
將咱兩個, 一齊打破, 用水調和.
再捻一個你, 再塑一個我.
我泥中有你, 你泥中有我.
與你生同一個衾, 死同一個槨.

• 관도승(管道昇, 1262~1319)은 원대 여류 예술가로, 당대 최고의 서예가이자 화
가로 꼽히는 조맹부(趙孟頫)의 부인이다

내 속에 당신 있고, 당신 속에 내가 있네

원나라 때 여성화가 관도승(管道升)은 당대 최고 서예가 조맹부 (趙孟頫)의 부인이다. 묵죽(墨竹)의 명인으로 유명했다. 늦게 결혼했는데, 부부 모두 이름이 높았다. 서로를 아껴주며 금슬도 아주 좋았다.

그런데 중년에 들어 조맹부에게 여자가 생겼다. 당시 사대부는 대부분 첩을 얻었으니 대수롭지 않게 여겨도 그만인 일이었다. 그러나 누구보다 뛰어난 인생 도반을 둔 조맹부로서는 차마 아내에게 그 말을 하기가 어려웠다. 그래서 사(詞)를 한 편 지어 넌지시 건넸다.

"나는 학사고 당신은 부인이오. 왕(王)학사에게는 도엽(桃葉) 도근(桃根)이 있고, 소(蘇)학사에게는 조운(朝雲) 모운(暮雲)이 있다는 소리를 어찌 못 들었겠소? 나는 곧 몇 명의 오희(嗚姬) 월녀(越女)를 얻을 것이오. 당신의 나이가 이미 마흔이 넘었으니 나의 심신을 독점하려 하지 마시오."

왕학사(왕안석)와 소학사(소동파)까지 동원하며 에둘러 말했지만, 듣는 부인으로서는 애가 타는 일이었다. 시기하거나 질투하는 것조차 허용되지 않던 시절이니 어찌할 도리가 없었다. 그런 상황에서 자신의 마음을 담아 남편에게 보여준 것이 바로 「아농사」다.

이를 본 조맹부는 잠시나마 딴생각을 품었던 자신을 책망하며 크게 뉘우쳤다. 여자 얘기는 하나도 건드리지 않고, 진흙으로 섞어 빚은 두 사람의 일체감을 강조한 것이다. 그럼으로써 진정한 사랑의 의미를 일깨우고 흔들리는 남편의 마음을 바로잡아준 것이었다.

"내 속에 당신이 있고, 당신 속에 내가 있다(我泥中有你, 你泥中有我)"는 구절은 지금도 중국의 연인들 사이에서 널리 애용되는 명구다.

이 대목은 『서상기』의 여주인공 앵앵(鶯鶯)이 연인인 장생(張生)에게 들려준 유명한 대사이기도 하다. 『서상기』는 젊은 서생 장생과 명문가 규수 앵앵의 사랑 이야기를 다루고 있다. 우리의 『춘향전』과 비슷하다고나 할까. 아무튼 '앵앵 안에 장생이 있고, 장생 안에 앵앵이 있다'는 대사를 빌려와 부부간의 참사랑을 되살린 그녀의 재주가 참으로 놀랍다.

　이후 두 사람의 사이는 더욱 좋아졌고 예술의 경지도 더없이 높아졌으니 그 남편에 그 아내라 할 만하다. 관도승은 늘그막에 관직을 그만두고 낙향하는 남편과 함께 배를 타고 가던 중에 각기병이 도져 세상을 떴다. 58세였다. 고향으로 돌아온 조맹부는 홀아비로 지내다 3년 뒤 죽어서 아내와 합장됐다. 살아서는 한 이불 덮고 죽어서는 한무덤에 묻히고 싶다던 그녀의 바람이 온전히 이루어진 셈이다.

연암에서 형님을 생각하며

우리 형님 얼굴 수염 누구를 닮았던가.

아버지 생각날 때마다 형님을 쳐다봤지.

이제 형님 그리운데 어디에서 볼까

의관 갖춰 입고 냇물에 비춰봐야겠네.

— 박지원

燕巖憶先兄

我兄顏髮曾誰似, 每憶先君看我兄.
今日思兄何處見, 自將巾袂映溪行.

• 연암 박지원(朴趾源, 1737~1805)이 51세 때인 1787년에 형을 추모하며 쓴 시다. 그보다 일곱 살 위인 형 박희원(朴喜源)은 그해 7월 세상을 떠났다. 1월에 동갑내기 부인을 떠나보낸 데 이어 맏며느리까지 잃고 난 뒤여서 그의 슬픔은 이루 말할 수 없었다. 연암은 홍국영의 핍박을 피해 박지원이 숨어 살던 곳을 의미하며, 박지원의 호이기도 하다.

아버지 생각날 때마다 형을 봤는데……

연암은 2남 2녀 중 막내로 태어나 형을 무척 따랐다. 서른한 살 때인 1767년에 아버지 박사유(朴師愈)가 64세로 돌아가셨는데, 아버지는 백면서생으로 소일하다 늦게야 음서로 출사해 정5품 통덕랑에 머물렀다. 연암은 유산을 가난한 형에게 몰아주고 서대문 밖으로 집을 옮겼다.

떨어져 사는 동안에도 연암의 형제애는 각별했다. 형님에게 자식이 없자 둘째 아들이 태어나기도 전에 첫 아들을 양자로 보냈다. 정조 즉위 직후 세도를 부리던 홍국영의 표적이 돼 황해도 금천의 연암골로 피신했을 때도 형님 식구들을 설득해 함께 갔다. 그의 호 연암은 이 골짜기 이름을 딴 것이다.

형님보다 9년 먼저 세상을 떠난 형수에게는 절절한 묘지명을 지어 바쳤다. 연암골 집 뒤에 마련한 형수의 묘에 형님을 합장하고 애틋한 추모시까지 바쳤으니, 연암의 속정이 얼마나 깊었는지 알 수 있다.

그런데 추모시 치고는 뭔가 좀 이상하다. 무겁고 슬픈 게 아니라 동심 같은 순수와 해학이 곁들여져 빙그레 웃음까지 짓게 만든다. 닮은꼴 '붕어빵' 가족의 아릿한 유머라고나 할까. 형님 얼굴과 수염이 아버지를 닮았고 자신은 그런 형님을 빼닮았다는데 실제로 연암의 외모는 어땠을까.

아들 박종채가 『과정록(過庭錄)』에 묘사한 것을 보면 큰 키에 살이 쪄서 몸집이 매우 컸고, 얼굴은 긴 편이며 안색이 붉고 광대뼈가 불거져 나온 데다 눈에는 쌍꺼풀이 있었다. 그의 초상화와 거의 일치하는 모습이다.

그의 제자 이덕무(李德懋)는 추모시 「연암에서 형님을 생각하며」를 읽고 "정이 지극하여 하염없이 눈물을 흘리게 하니 정말 진실되고 절절하다. 내가 선생의 시를 읽고 눈물 흘린 것이 두 번이었다"고 했다.

이덕무가 말한 또 하나의 눈물겨운 시는 큰누나가 세상을 떠났을 때 연암이 묘지명에 쓴 시 「누님을 보내며」다. '아, 누님이 시집가던 날 / 새벽 화장하던 것이 어제 일만 같구나. / 나는 그때 막 여덟 살이었네'로 시작하는데, 시집가는 누나가 미워 화장품에 먹물을 섞어놨던 일화까지 언급하며 아련한 '눈물 웃음'

의 세계로 우리를 이끄는 시다.

　어디 연암만 그랬을까. 200여 년이 지난 지금도 마찬가지다. 어느 날 무심코 거울을 보다 깜짝 놀라는 중년 남자들이 많다. 벗겨진 이마와 늘어나는 주름, 여기저기 새치가 희끗거리는 모습이 영락없는 아버지여서 그렇다. 연암의 '냇물에 비친 자화상'도 그랬을 것이다. 군이 거울 대신 냇가에 나가 자신을 비춰보는 마음이 실로 선하게 다가온다.

離騷

長太息以掩涕兮，哀民生之多艱.
余雖好修姱以鞿羈兮，謇朝誶而夕替.
既替余以蕙纕兮，又申之以攬茝.
亦余心之所善兮，雖九死其猶未悔.

이소

긴 한숨 쉬며 남몰래 눈물짓는 건
고통 받는 민생이 애처롭기 때문이네
내 비록 아름다움 닦으며 조심했으나
아침에 간하고 저녁에 쫓겨났네
이미 날 버리시길 혜초띠처럼 함이여
다시 또 구리때를 잡았기 때문인가
그러나 내 마음엔 부끄러움 없으니
아홉 번 죽어도 후회하지 않으리!

— 굴원

• 굴원(屈原, 기원전 475~221)은 전국시대 초(楚)나라의 시인이자 정치가로 뛰어
난 활약했으나 모략에 말려 돌을 안고 멱라수에 빠져 생을 마감했다. 저서로 『초
사(楚辭)』 25편이 있는데 그중 「이소경(離騷經)」이 전해진다. 이 시에 '아홉 번 죽
다(九死)'는 말이 나오는데, 구사일생(九死一生)의 유래가 바로 이 대목이다.

애끓는 심정으로 사람을 품어라

'문인 재상'으로 불리는 원자바오 중국 총리가 2006년 9월, 유럽 기자들의 질문에 답하며 인용한 시다.

핀란드 헬싱키에서 열리는 아시아유럽정상회의를 앞두고 베이징 중난하이(中南海)에서 유럽 언론인들과 만난 그는 인사말부터 두보의 시 「객지(客至)」를 인용하며 시작했다. 그는 영국 「타임스」 기자가 "잠자기 전에 주로 읽는 책은 무엇인가. 책을 덮은 뒤 잠을 못 이루게 하는 고민거리는 무엇인가"라는 질문에 "내가 좋아하는 작품을 인용해 답변하겠다"며 중국 고전 명구들을 줄줄이 읊조렸다.

천재지변을 당한 국민들을 찾아가 여러 번 눈물을 흘려 화제를 모았던 그는 굴원의 「이소」 중 '긴 한숨 쉬며 남몰래 눈물짓는 건 고통 받는 민생이 애처롭기 때문(長太息以掩涕兮, 哀民生之多艱)'이라는 대목을 떨리는 목소리로 읊었다.

이날 그는 청나라 재상 좌종당(左宗棠, 1812~1885)이 23세 때 쓴 문장 '반 마지기 땅도 가지지 못했지만 마음속으로는 천하를 걱정한다. 수많은 책을 읽으며 옛 성현들과 정신적으로 교류한다(身無半苗, 心優天下. 讀破萬卷, 神交古人)'도 인용했다. 그는 또 직접 쓴 시를 「인민일보(人民日報)」에 발표해 화제를 낳기도 했다. 현직 총리가 언론에 자작시를 공개한 것은 매우 드문 일이다. 원 총리의 자작시는 일정한 형식을 갖춘 고전적 시가 아니라 4연 8행의 자유로운 현대시다. 제목은 「별이 빛나는 밤하늘을 우러러보며(仰望星空)」이다.

별이 빛나는 밤하늘을 우러러 본다. 하늘은 이토록 넓고 심오하다.
그 무궁한 진리. 나를 끝없이 모색하고 뒤따르게 하네.

별이 빛나는 밤하늘을 우러러 본다. 하늘은 위엄 있고 성결하다.
그 인상적인 정의. 나를 뜨거운 사랑과 경외로 이끄네.

별이 빛나는 밤하늘을 우러러 본다. 하늘은 자유롭고 고요하다.
그 넓은 품. 내 영혼을 편안히 깃들게 하네.

별이 빛나는 밤하늘을 우러러 본다. 하늘은 화려하고 눈부시다.

그 영원한 빛. 내 마음 속에 희망의 불길을 타오르게 하네.

그는 이 시를 발표하면서 "우주에 관심을 기울이는 민족에게
만 희망이 있다. 단지 발밑의 일에만 마음을 쓰는 민족에겐 미
래가 없다. 우리 민족에게는 아주 큰 희망이 있다"는 명구를 남
겼다.

'서민 재상'으로 불리는 그의 공부 방법도 화제에 올랐다. 그
가 2007년 5월 5·4운동 88주년을 맞아 베이징의 인민대학 학생
들과 가진 특별대담에서 우수한 성적으로 대학을 졸업할 수 있
었던 나름의 '비법'을 공개했다.

이날 참석한 학생 가운데 린판(林凡)이라는 철학과 학생이 원
총리의 연설이나 강연을 들어보면 중국의 고전에 상당히 조예
가 깊은 것을 알 수 있는데 그 비결이 무엇인지 먼저 질문했다.

지질학을 전공한 이학도였지만 원 총리는 고전에 통달하기
위해 각고의 노력을 기울였다고 한다. 그는 대학에 진학한 뒤
고전 시문에 흥미를 느껴 독학에 나섰다. 그렇다고 전공을 소홀
히 할 수는 없어 전체 공부 시간의 반은 교과 과목에 할애하며

시험에 대비했고, 나머지 시간은 주로 고전을 읽는 데 썼다.

매일 끝까지 남아 책을 읽었다. 손목시계도 없었던 당시, 그는 밤늦게 기숙사에 돌아와 공부를 계속한 뒤 마지막으로 소등을 했다. 그리고 잠시 눈을 붙인 다음 새벽 2~3시께 일어나 교실로 가서 공부하는 나날을 보냈다.

이런 향학열 덕분에 그는 대학에서 수강한 전공 36과목 중 35개에서 수(秀)를 받는 가장 높은 성적을 기록했으며, 고전에 대한 식견도 요즘 학자들이 놀랄 정도로 해박한 수준에 이르렀다.

태산을 바라보며

태산의 모습 어떠한가

제나라에서 노나라까지 푸르름 끝없어라

하늘은 이곳에 온갖 신비함을 모았고

산빛 그림자는 어둠과 새벽을 가르는구나

층층이 솟는 구름에 가슴 벅차오르고

돌아가는 새들 보며 두 눈을 부릅뜨네

언젠가 반드시 저 꼭대기에 올라

소소한 뭇 산을 한번 굽어보리라.

望嶽

岱宗夫如何, 齊魯靑未了. 造化鍾神秀, 陰陽割昏曉.
盪胸生曾雲, 決眥入歸鳥. 會當凌絶頂, 一覽衆山小.

• 두보(杜甫, 712~770)가 스물여덟 되던 해에 쓴 시다. 태산은 고대 중국의 여러 임금과 시인, 사상가들이 자주 찾아 산기운을 받았던 곳. 그만큼 웅장하고 수려해 호연지기의 본산이 되었다고 한다.

하늘 아래 이루지 못할 일은 없다

'1천억 원짜리 중화(中華) 축제'라는 베이징 올림픽의 개막식을 보면서 이 시를 떠올렸다. 두보가 중원오악(中原伍岳)의 으뜸인 태산(泰山)을 바라보며 쓴 작품인데, 이는 13억 인구와 고도성장을 기반으로 '팍스 시니카'를 꿈꾸는 21세기 중국의 야심과도 맞닿아 있다.

처음엔 멀리서 본 태산의 웅장함을 노래하다가 점차 가까이 가면서 산세와 기암괴석 등 신비로운 형상을 묘사한다. 산허리에 오른 뒤엔 층층이 피어오르는 구름과 새들의 날갯짓을 바라보며 가슴 벅찬 감흥을 펼친다. 마지막 연에서는 태산의 꼭대기까지 올라가 소소한 뭇 산을 한눈에 굽어보겠다는 호연지기를 드러내고 있다.

특히 마지막 구절은 후진타오 주석이 2006년 미국을 방문했을 때 부시 대통령과의 오찬에서 인용해 화제를 모았다. "언젠가 반드시 저 꼭대기에 올라 소소한 뭇 산을 한번 굽어보리라."

이를 두고 '양국이 함께 태산에 올라 온 세상을 굽어보자는 '윈윈 전략'을 상징한 것', '미국의 홀대에 섭섭한 후진타오가 언젠가는 태산에 올라 미국을 내려다보고야 말겠다는 각오를 드러낸 것' 등의 해석이 분분했다.

당시의 사정이야 어떠했든 지금의 중국은 '층층이 솟는 구름에 가슴 벅차오르고 돌아가는 새들 보며 두 눈을 부릅뜨는' 형국이다. 올림픽 이후 거대 시장의 경제력을 앞세워 '소소한 뭇 산을 굽어볼' 날이 얼마 남지 않은 듯도 하다.

중국 속담에 "높은 것을 본받으려는 사람은 중간 것을 얻고, 중간 것을 본받으려는 사람은 낮은 것을 얻고, 낮은 것을 본받으려는 사람은 아무것도 얻지 못한다"라는 말이 있다. 꿈을 품되 무릇 태산과 같은 꿈을 품으면 그것이 온전히 실현되지 못할지라도 그에 근접할 수 있다는 뜻이다.

이처럼 목표와 동기부여는 미래지향적이어야 한다. 위스콘신 대학 연구진에 따르면, 목표의식을 가진 사람과 그렇지 않은 사람들은 두뇌를 사용하는 과제에서부터 신체 활동까지 모든 영역에서 뚜렷한 차이를 보였다. 목표의식을 가진 벌목꾼들은 그렇지 않은 사람들에 비해 같은 시간에 더 많은 나무를 베었고, 운전기사들이 트럭으로 실어 나르는 통나무의 양도 60퍼센트에서 90퍼센트로 높아졌다는 것이다. 목표설정이 얼마나 중요한지를 잘 알려주는 결과다.

그러나 현실에 기반을 두지 않은 꿈은 공상이며, 미래의 비전이 없는 전략은 헛구호일 뿐이다. 개인의 삶에서도 태산을 오르겠다는 의지는 정복욕이 아니라 그 산을 품겠다는 포부이자 전략적 마인드여야 한다.

산에서 보는 달

산이 가깝고 달이 먼지라 달이 작게 느껴져
사람들은 산이 달보다 크다 말하네
만일 하늘처럼 큰 눈 가진 이가 있다면
산이 작고 달이 더 큰 것을 볼 수 있을 텐데.

―왕양명

蔽月山房詩

山近月遠覺月小, 便道此山大於月.
若人有眼大如天, 還見山小月更闊.

• 명나라 문인 왕양명(王陽明, 1472~1529)이 11세 때 지었다고 알려진 「폐월산방
시(蔽月山房詩)」다. 세상을 큰 눈으로 보고자 한 마음가짐이 일찍부터 있었음을
알 수 있다. 양명은 그의 호, 본명은 수인(守仁)이다.

혜안을 가지면 수박씨에서 단맛을 본다

용평 숲에서 사흘을 보낸 적이 있다. 나무들의 입김이 손끝에 닿을 때마다 감미로운 추억이 밀려왔다. 삼림욕장의 자작나무 숲으로 가는 오솔길은 책갈피 속의 행간처럼 아늑했다. 낙엽송이 군락을 이룬 능선의 공기는 또 얼마나 싱그러웠는지……. 무심코 올려다본 하늘로 엷은 구름 한 줄기가 산책길처럼 뻗어가는 모습도 참 좋았다. 숲길을 혼자 걷는 동안 어린 시절 아버지와 함께 넘던 백능산의 억새풀꽃 소리까지 들을 수 있어 참으로 상큼한 여행이었다.

그곳에 머문 지 이틀째 되는 날, 뒷집 아저씨처럼 마음씨 좋게 생긴 발왕산에 올랐다. 정상에 도착했더니 전망대 안의 식당 벽에 수백 장의 편지가 매달려 있는 게 아닌가. '아무개 왔다 간다' 하는 메모부터 가족의 건강과 성공을 기원하는 문구까지 갖가지 '말씀'들이 사방을 가득 채우고 있었다. 너무 경치가 좋아

꼭 다시 찾아오겠노라는 외국인의 헌사도 있었다. 그중에서도 나에게 유쾌한 감동을 준 건 초등학교 1~2학년쯤 되는 녀석의 '고해'였다.

"아빠 그동안 말 안 드려서 죄송해요. 아프로는 잘 드러께요."

녀석은 어떻게 알았을까. 높은 곳에 오르면 누구나 잘못을 빌고 싶어진다는 것을. 산에서는 모두가 겸손해진다. 자연의 거울에 자신을 비춰볼 수 있기 때문이다. 그래서 얼굴도 모르는 그 개구쟁이의 글귀가 가장 살갑게 다가왔다. 찬물에 세수를 하고 난 뒤의 청량감처럼, 산에서 얻은 뜻밖의 깨우침이었다.

그날 밤 발왕산 이마에 걸린 달은 유난히 커 보였다. 같은 달도 보기에 따라 달라진다. 늘 거기 있는 산이지만 그 품에 들어 자신을 비춰보면 마음빛이 달라진다. 큰 잘못이 없더라도 막연히 사죄하고 싶어지는 이치와 꼭 닮았다.

달은 하늘 높이 떠 있을 때보다 지평선 가까이에 있을 때 더 커 보인다고 한다. 과학자들이 '달 착시'라고 부르는 현상이다. 왜 그럴까? 원인을 설명하는 학설에는 두 가지가 있다.

오래된 이론(겉보기 거리 이론)은 '달이 지평선 근처에 있으면

주변 지형이 뇌의 거리인식에 영향을 미쳐 실제보다 커 보인다'
는 것이다. 뇌가 먼저 물체까지의 거리를 판단하고 그로 인해
크기가 달라 보이는 착시가 생긴다는 말이다. 다른 이론 (겉보
기 크기 이론)은 정반대다. '높이 뜬 달이 더 작아 보이므로 뇌가
멀리 있는 것처럼 인식한다'는 것인데, 이는 눈에 보이는 크기
차이로 인해 거리가 다르게 느껴진다는 것이다.

그런데 미국의 로이드 카프만 박사와 그의 아들이 실험을 통
해 '정답'을 내놓았다. 이들은 컴퓨터와 광학계로 지평선 근처
와 높이 뜬 달을 만들어 보여준 결과 '겉보기 거리 이론'이 옳다
고 결론 내렸다. 즉 '멀리 있는 것은 작아 보인다'는 통념을 보
완하려는 작용 때문에 지평선의 달이 실제보다 커 보이는 착시
가 일어난다는 것이다. 철로 그림의 가까운 곳과 먼 곳에 길이
가 같은 선을 그렸을 때 먼 곳의 선이 더 길어 보이는 것과 같은
원리다.

카프만은 "인간은 물체의 크기를 제대로 인식할 수 있기 때
문에 멀리 있는 나무가 작게 보이더라도 뇌가 실제 크기를 가늠
할 수 있다"며 "이런 뇌와 시각 작용이 달 착시현상을 일으키는
것"이라고 설명했다.

내가 발왕산에서 본 그날 밤의 달도 그랬을까. 가만히 생각해 보면 그것은 단순한 착시가 아니었다. 낮에 전망대에서 본 꼬마 녀석의 '고해성사'가 뇌보다 가슴에서 우러났던 것처럼 산꼭대기의 그 달은 어떤 광학계로도 측량할 수 없는 내 속의 '둥근 거울'이었다. 나는 달의 반사경이 비추는 내 모습을 새롭게 발견한 셈이다.

육체적인 '뇌의 인식작용'은 종종 착시현상을 불러온다. 그러나 보이지 않는 '마음의 감성작용'은 우리들 영혼의 촉수를 움직이게 한다. 세상의 높낮이와 내면의 크기를 스스로 잴 수 있도록 해주는 것이다.

여행에서 돌아오는 길에도 달은 나를 따라왔다. 그 달의 이면에는 높은 데 올라 잘못을 비는 아이의 해맑은 얼굴과 세속도시에서 자주 착시에 빠지는 내 얼굴이 함께 겹쳐져 있었다. 여행지에서 발견한 달의 두 표정이라니!

전략적인 사고를 할 때도 마찬가지다. 모두들 치밀한 계획과 판단, 시스템을 이야기하지만 가장 중요한 것은 자신의 마음으로 사물을 볼 수 있어야 한다. 한 가지 사실을 갖고도 수많은 해

석이 분분한 요즘 시대에는 더욱 세상의 이치를 알고 본질을 꿰
뚫는 혜안이 필요하다. '산이 작고 달이 더 큰 것'을 볼 줄 아는
'하늘처럼 큰 눈 가진 이'가 진정 눈 밝은 사람이리라. 그냥 안
다고 해서 깨닫는 게 아니라 깨달았기 때문에 아는 것이므로.

古瓦硯

磚瓦賤微物, 得廁筆墨間. 于物用有宜, 不計醜與妍.
金非不爲寶, 玉豈不爲堅. 用之以發墨, 不及瓦礫頑.
乃知物雖賤, 當用價難攀. 豈惟瓦礫爾, 用人從古難.

낡은 벼루

흙벽돌이나 기와가 하찮은 물건이지만
붓과 먹 함께 문구로도 쓰였다네
물건에는 제각기 그 쓰임이 있나니
밉고 곱고를 따지지 않는다네
금이 어찌 보물이 아니고
옥이 어찌 단단하지 않으랴만
먹을 가는 데에는 기와조각만 못하다네
그러니 비록 천한 물건이라도
꼭 필요할 땐 그 값을 견주기 어려운 줄 알겠네
어찌 기왓조각만 그렇겠는가
사람 쓰는 일 옛날부터 어려웠더라네.

— 구양수

• 구양수(歐陽脩, 1007~1072)는 송나라 때의 문인 겸 정치가이다. 가난한 집안에서 태어나 4세 때 아버지를 여의고, 문구를 살 돈이 없어 어머니가 모래 위에 갈대로 글씨를 써서 가르쳤다고 한다. 당송팔대가(唐宋八大家)의 한 사람으로 후학에게 많은 영향을 끼쳤다.

사람을 보는 안목이 더 중요하다

마포구 용강동에 있는 옛날 창비(구 창작과 비평사) 건물 맞은편에 '진미 생태찌개집'이 있다. 일일이 낚시로 잡아 가장 신선한 생태만 쓴다는 집인데, 자리가 없어 한 시간쯤 기다리는 건 예사다. 특히 술 마신 다음 날 그 집에 지인들을 모시고 가면 모두들 감탄사를 연발한다.

한 사람이 "거 참 좋다" 소리를 거듭하는 동안 또 한 사람은 아무 말도 없이 숟가락질에만 몰두한다. 다른 한 사람은 감탄사와 말없음표를 번갈아 주고받다 "이 좋은 델 왜 이제야 알려주느냐"며 눈을 흘기거나 원망한다.

가끔 생태 입에서 낚시 바늘이 나오기도 하는 그 집에서 나는 자주 생각한다. 이 집처럼 싱싱하고 담백하면서 깊은 맛까지 우러나는 사람, 한 사람이 "그 양반 참 진국일세" 칭찬하고 또 한 사람이 "아무 말이 필요 없는 사람"이라 하고 다른 한 사람은 "왜 이제야 우리 만났느냐"고 눈 흘기는 그런 사람이 바로 나였으면 좋겠다고.

　나는 또 생각한다. 낡은 벼루조차도 먹을 가는 도구로써 가치가 충분하다는 구양수의 시처럼, 사물과 사람의 가치를 제대로 알아볼 수 있는 눈이 나에게도 있었으면 좋겠다고.

　북송 8대 황제였던 휘종은 사물의 가치를 보는 눈이 남달랐다고 한다. 그중에서도 예술품에 대한 관심이 매우 컸다. 한번은 휘종이 화가들의 능력을 시험하기 위해 독특한 그림 문제를 냈다. ‘어지러운 산이 옛 절을 감추었다’는 주제로 그림을 그리는데, 특히 감춰진 절을 제대로 표현하라는 주문이었다.

　많은 화가들이 골머리를 앓다가 희미하거나 작은 절을 그려 넣는 식으로 묘사했다. 그런데 유독 한 작품에만 절이 그려져 있지 않았다. 절 대신 깊은 산속 계곡에서 물동이를 이고 가는 스님의 모습만 있었다.

　이 그림을 본 휘종은 기뻐하며 1등을 주었다. 다른 화가들은 절과 탑을 어떻게든 화폭에 담으려고 했지만 이 화가는 그냥 물을 길어가는 스님의 모습만으로도 근처에 절이 있음을 암시한 것이다. 이처럼 눈에 보이는 것에 집착하지 않고 그 이면에 숨은 뜻이나 가치를 제대로 찾을 줄 아는 안목이 있어야 한다.

15세기 최고의 과학자였던 장영실이 그저 부산 동래현의 관노로 일생을 마쳤다면 어찌 되었을까? 눈 밝은 임금 세종은 장영실의 비상한 능력을 알아보고 그를 종6품인 상의원 별좌에 임명했다. 신분의 한계를 넘은 것이다. 세종의 전폭적인 관심과 지원에 힘입어 그는 시간을 자동으로 알려주는 최첨단 물시계인 자격루와 옥루를 발명할 수 있었다. 측우기와 해시계 등 세계를 놀라게 한 성과를 이루어낸 것도 '사람을 알아볼 줄 아는' 세종의 혜안 덕분이었다. 세종은 작은 재능이라도 칭찬을 아끼지 않는 등 그 사람의 장점을 취하고 포용하면서도 엄격한 기준으로 혹독하게 훈련시킬 줄도 알았던 강유(强柔) 겸비의 리더였다.

그런 점에서 가장 비싼 값으로 인재를 사는 것과 가장 깊은 마음으로 인재를 감동시키는 것의 두 바퀴 수레 이론을 터득한 중국 거상 호설암(胡雪巖)의 경륜도 대단하다.

"능력 있는 사람을 찾으면서 돈을 아껴서는 안 된다. 나의 비결은 돈으로 인재를 사는 것이다. 사물을 대하는 눈이 날카롭고 사람됨이 믿을 만하면 돈은 아무리 많이 줘도 아깝지 않다. 그러나 정말로 걸출한 인재를 얻으려면 돈을 많이 주는 것만으로는 충분하지 않다. 정(情)과 의(義)로 사람들을 감동시켜야 진정한 인재를 얻을 수 있다.”

나도 세상과 사람의 본질을 얼마나 이해하고 있나 하고 돌아볼 때마다 이 시에서 새로운 힘을 얻는다. 특히 “옥이 어찌 단단하지 않으랴만 먹을 가는 데는 기왓조각만 못하다”는 구절과 “꼭 필요할 땐 그 값을 견주기 어려운 줄 알겠네. 어찌 기왓조각만 그렇겠는가”라는 구절을 앞뒤로 바꿔가면서 몇 번씩 음미한다.

그러다 보면 내가 좋아하는 ‘진미 생태찌개’처럼 진국인 사람이 되어야지, 이 시에 나오는 ‘기왓조각’처럼 세상의 먹을 위한 벼루가 되어야지 하는 생각에 마음이 더욱 겸손해진다.

題關王廟

古廟幽深白日寒，儼然遺像漢衣冠.
當時未了中原事，赤兔千年不解鞍.

관왕묘에서

낡은 묘는 으슥하여 대낮에도 스산하고
의젓한 관우상은 한의 의관 입었구나
중원 평정 큰 사업 완수하지 못해선가
천 년토록 적토마는 안장을 풀지 않네.

— 이단전

• 조선시대 남대문 밖, 지금의 힐튼호텔 부근에 있던 남관왕묘(南關王廟)에서 지은 시. 서울에 관왕묘가 두 군데 있었는데 남관왕묘는 사라지고 동대문 밖 동관왕묘(東關王廟)만 남아 있다. 이곳은 관우(關羽)를 모신 사당이다. 임진왜란 때 조선에 출병한 명나라 장군의 부탁으로 선조가 관우를 제사 지내게 한 곳. 그 사당에 적토마를 타고 있는 관우의 소상(塑像), 즉 흙으로 만든 상이 있다. 대낮에도 으스스한 사당 분위기를 묘사한 뒤, 적토마가 아직도 안장을 풀지 못한 이유는 1천 년 전 영웅의 한(恨) 때문이라고 해석한 대목이 기발하다.

위대함의 시작은 미약함이다

「관왕묘에서」를 쓴 시인은 18세기 조선 최고의 '이단아'라 할 수 있는 이단전(李亶佃, 1755~1790)이다. 그는 이름부터 특이했다. 단(亶)은 '진실로'라는 뜻이고 전(佃)은 '소작인' 또는 '머슴'을 의미한다. '진짜 머슴'이란 말이다.

그는 호(號)도 필한(疋漢)이라고 지었다. 필(疋)은 아래 하(下)자와 사람 인(人)을 합한 글자이고 한(漢)은 사내이니 '하인 놈'이라는 뜻이다. 이처럼 이름과 호에서 '나는 종놈이요'라고 떠벌리고 다닌 그는 도대체 어떤 사람이었을까.

그는 연암 박지원의 친구이자 재상을 지낸 유언호(兪彦鎬) 집안의 종이었다. 그의 어머니는 여종이었으나 아버지는 누군지 알 수 없었다. 생김새 또한 형편없었다. 키는 볼품없이 작았고, 애꾸눈에 얼굴은 곰보였다. 말도 더듬었다. 이런 악조건을 타고 났지만 그의 시는 그야말로 '천의무봉'이었다.

어떻게 이런 '기적'이 가능했을까. 천재성만이라고는 할 수 없다. 그는 종의 신분이었기 때문에 낮에는 일하느라 짬이 없었고 밤에만 공부를 할 수 있었다. 낮에도 항상 큰 주머니를 차고 다니며 좋은 시구를 얻을 때마다 그 속에 집어넣었다. 저녁에는 등불을 밝히고 꼿꼿이 앉아서 시를 썼다. 시를 짓고 나면 깨끗하게 정사(正寫)해서 날이 밝기를 기다렸다가 저명한 시인들을 찾아다니며 품평을 해달라고 매달렸다.

시인들에게 보여주기 위해 시를 다른 종이에 옮겨 적는 방법도 희한했다. 이덕무를 비롯한 북학파(北學派) 학자들에게 보여주고 싶을 때는 중국에서 생산된 '분전태사지'에 시를 썼다. 북학파가 그 종이를 즐겨 사용했기 때문이다. 그러나 이들을 배척하는 학자들에게 보여줄 때는 보통 종이를 썼다. 북학파가 선호하는 종이와 반대파가 선호하는 종이가 달랐기 때문이다. 이단전은 그런 사정을 훤히 파악하고 이들과 소통했던 것이다.

그는 이렇게 10년 동안 시인이 되겠다는 집념을 불태웠고, 당시 명성이 자자한 남유두(南有斗)와 이덕무(李德懋) 등을 찾아다니며 서서히 이름을 날리기 시작했다. 특히 이덕무로부터 시를 배운 뒤에는 예전의 원고를 모두 태우고 새로운 작풍을 익혔다.

그 결과 "이단전의 시는 귀신이 하는 말 같다"는 극찬을 듣게
되었고, 결국 하인 출신의 천재 시인이 되었다.

무슨 일이건 시작부터 창대한 경우는 없다. 천재도 처음부터
천재가 아니었다. 뛰어난 CEO들 역시 출발은 다 미약했다.

칠월칠석

만나고 또 만나고 수없이 만나는데 무슨 걱정이랴
뜬구름 같은 우리네 이별과는 견줄 것도 아니라네
하늘에서 아침저녁 만나는 것을
사람들은 일 년에 한 번이라 호들갑을 떠네.

— 이옥봉

七夕

無窮會合豈愁思, 不比浮生有別離.
天上却成朝暮會, 人間 謾作一年期.

• 이옥봉(李玉峰)은 조선 중기 여성 시인으로,「영월도중(寧越途中)」「만흥증랑(縵
興贈郎)」「추사(秋思)」「자적(自適)」「증운강(贈雲江)」「규정(閨情)」등의 작품을
남겼다.

사자의 힘과 여우의 지략을 함께 써라

하늘의 시간과 땅의 시간이 이렇게 다르다. 사람들은 일 년에 한 번 만나는 견우와 직녀가 안타깝다고 호들갑을 떨지만 천계(天界)와 인간계(人間界)의 시간은 상대적인 것. 어떻게 생각하느냐에 따라 천지 차이다.

바라보는 시각에 따라 똑같은 떡이 커지기도 하고 작아지기도 한다. 『장자(莊子)』의 「제물론(齊物論)」에서도 "이 세상에 털끝보다 더 큰 것이 없고, 큰 산도 좁쌀만큼 작게 보이는 수가 있다"고 했다. "부싯돌이 번쩍하는 불빛의 길이가 바로 사람의 인생"이라고 한 백거이의 말도 같은 맥락이다.

경영 키워드인 창조와 혁신의 원리도 시각과 관점의 문제다. 『1위의 패러다임』을 읽은 한국 기업인들이 일본을 방문해 저자 노나카 이쿠지로(野中郁次郎)에게 물었다.

"최고의 기업들은 어떻게 일류 이노베이터를 발굴하고 키우는 겁니까?”

그러자 그는 이렇게 대답했다.

“사자의 힘과 여우의 지략을 함께 쓰세요.”

히토쓰바시 대학의 명예교수인 그는 “성공하는 리더에게는 사자와 같은 리더십도 중요하지만 그것만으로는 직면한 과제를 해결할 수 없으니 필요에 따라 ‘여우가 되는 일’도 중요하다”면서 “국면에 따라 사자와 여우를 구분하여 활용하는 균형 감각을 갖추라”고 조언했다. ‘천사처럼 대담하게 악마처럼 세심하게’라는 구로사와 아키라 감독의 영화철학처럼 이상을 추구할 때는 대담하게 발상하고, 이를 실현할 때는 세심하게 실천하라는 말이다.

그는 부동의 1위를 제치고 최고가 된 KDDI의 휴대폰 인포바, 세계 최다 판매 기록으로 기네스북에 오른 마쓰다자동차의 스포츠카 로드스타, 도요타의 최고급 친환경 하이브리드 자동차 프리우스 등 열세 가지 혁신 사례를 들려주었다.

마쓰다자동차의 스포츠카 로드스타를 보자. 이 차는 가장 좋은 것을 찾아가는 이상 추구와 고객의 본질을 꿰뚫는 직관력이 낳은 히트작이다. ‘이제 스포츠카 시대는 지났다’는 사내의 반대를 극복하고 소형 경량 스포츠카라면 승산이 있다는 담당자의 '사자 리더십'과 발상의 전환을 내세운 '여우의 지략'으로 새로운 기록을 만들어낸 것이다.

또한 세계 최초의 '물로 굽는 오븐'인 샤프의 헤르시오는 전자파를 음식에 직접 쏘지 않고 수증기로 조리하는 원리로 단숨에 웰빙 조리기 시장을 석권했다. 축구 불모지였던 지방 도시의 텅 빈 축구장을 열광의 도가니로 만든 J리그 알비렉스 니가타도 마찬가지. 한마디로 "트렌드 분석과 시장조사는 당신의 경쟁자도 하고 있으니 경쟁자가 못하는 것을 하라"는 것이다.

인생과 삶에 대한 남다른 통찰로 유명한 건축가 다니엘 리베스킨트(Daniel Libeskind)의 일화도 생각의 차이가 얼마나 중요한지를 보여준다.

그가 9·11 테러로 무너진 세계무역센터의 재건축 프로젝트(그라운드제로 프로젝트)로 수많은 건축가들과 경합을 벌일 때의 일이다. 2002년 10월 어느 쌀쌀한 날, 프로젝트에 관한 관계자의 브리핑이 끝난 뒤 그는 비가 내리는 가운데 홀로 참화의 구덩이 속으로 들어갔다. 건축가들 중 항만관리청 관계자들의 제안을 받고 그곳에 내려가 보고 싶다고 말한 사람은 그뿐이었다. 현장을 보니 마치 다른 세계에 와 있는 듯했다. 하늘 아래 드러난 참화의 벽들을 직접 보면서 수천 명이 목숨을 잃은 곳을 경험하는 순간, 전혀 다른 시각이 생긴 것이다. 그의 머릿속에는 다른 건축가들과는 비교할 수 없는 새로운 아이디어들이 떠올랐고, 수많은 거장들을 제치고 당당히 따낸 '완벽한 프로젝트'는 지금도 진화를 거듭하며 추진되고 있다.

그가 애송이 시절 베를린의 유대박물관을 설계할 때도 그랬다. "우리가 베를린으로 이사했을 때는 장벽이 무너지기 전이었다. 나는 유대박물관을 다윗의 별처럼 설계하면서 마음속 베를린 장벽을 지워버렸다. 그 이유는 유대인들의 역사 속에 동과 서를 가른 장벽이 없었음을 강조하고 싶어서였다. 1988년 말엽이던 그때 나는 장벽이 사라질 것이라고 믿고 있었기 때문에 그러한 나의 생각 위에 도면을 그렸고, 장벽은 더 이상 아무 의미도 없었다. 실제로 장벽이 무너졌을 때는 얼마나 놀랍던지!"

미국인이지만 유대인의 피가 흐르기 때문이었을까? 이 박물관에 대한 그의 남다른 시각 덕분에 결국 그는 깊이 있는 건축가, 철학적인 건축가로 인정받게 되었다. 그는 이때 겪은 얘기를 털어놓으면서 "어떤 건물이든 아이디어가 떠오르면 그게 곧 현실이 된다는 걸 건축에서 배웠다"고 말한다.

결국 현실의 차이는 생각의 차이가 만들어낸다.

술잔을 들며

달팽이 뿔 위에서 무엇을 다투는가
부싯돌 번쩍하듯 찰나에 사는 몸
풍족하나 부족하나 그대로 즐겁거늘
하하 크게 웃지 않으면 그대는 바보.

—백거이

對酒

蝸牛角上爭何事, 石火光中寄此身.
隨富隨貧且歡樂, 不開口笑是癡人.

• 당나라 시인 백거이(白居易, 772~846)는 이백(李白)이 죽은 지 10년, 두보(杜甫)
가 죽은 지 2년 후에 태어났으며, 같은 시대의 한유(韓愈)와 더불어 '이두한백(李
杜韓白)'으로 불렸다. 어려서부터 총명하여 5세에 시 짓는 법을 배웠으며, 15세
이후 주위 사람을 놀라게 하는 시재를 보였다. 가난한 관리 집안에서 태어났으나
29세에 진사로 급제했다. 32세에 황제의 친시(親試)에 합격했는데, 그 무렵에 지
은 「장한가(長恨歌)」가 유명하다.

긍정의 힘이 통찰을 낳는다

현대그룹 정주영 회장은 걱정으로 마음이 졸아들 때 이 시를 암송하며 용기를 냈다고 한다. 눈앞의 작은 분쟁을 경계하고 호방하게 큰일을 도모하는 지침으로 삼기도 했다.

달팽이는 머리 위에 두 개의 촉수를 갖고 있다. 한 몸에 난 촉수끼리 서로 싸우는 게 무슨 소용인가. 그래서 사소한 분쟁을 의미하는 말이 곧 '와각지쟁(蝸角之爭)'이다.

『장자(莊子)』에 이런 이야기가 나온다.

중국 전국시대 위나라의 혜왕이 불가침 조약을 맺었던 제나라 위왕이 약속을 깨자 자객을 보내 암살하려는 계획을 세웠다. 그러자 신하인 공손연은 군사를 일으켜 제나라를 치자고 했고, 또 다른 신하 계자는 백성들을 피폐하게 만드는 일이라며 반대했다. 이에 혜왕이 재상인 혜자에게 의견을 물으니 혜자는 도가의 현인인 대진인(戴晉人)을 만나보라고 했다.

혜왕을 알현한 대진인이 달팽이 우화를 들려주었다.

"달팽이의 왼쪽 촉수에는 촉(觸)씨라는 사람의 나라가 있었고, 오른쪽 촉수에는 만(蠻)씨라는 사람의 나라가 있었습니다. 그런데 두 나라가 사소한 영토분쟁으로 전쟁을 일으켜 서로가 수만 명의 사상자를 내는 비극에 이르게 된 일이 있습니다."

혜왕이 엉터리 이야기라고 말하자 대진인은 다시 한 번 이렇게 말했다.

"우주는 끝이 없습니다. 끝없는 우주에서 지상을 내려다보면 어떻겠습니까? 우리 위나라와 제나라의 분쟁 역시 달팽이 두 촉수의 분쟁과 다름없지 않겠습니까?"

혜왕이 이 말을 듣고 혜자에게 대진인은 성인보다 위대한 인물이라고 칭찬했다.

3대에 걸쳐서 이룩할 만한 위업을 당대에 다 이루고 간 정주영 회장의 에너지는 '긍정의 힘'에서 나왔다. 그는 뭐든지 가능하다는 말을 입에 달고 다녔다. 부하 직원이 이런저런 이유로 이건 불가능하다고 보고하면 "해봤어?"라는 말 한마디로 '부정의 싹'을 잘라버렸다.

1952년 12월 아이젠하워 미국 대통령이 부산에 있는 유엔군 묘지를 방문하기 직전, 미군 측은 "대통령이 한국에 와서 유엔군 묘지를 방문할 예정인데 이렇게 황량한 묘지를 보이고 싶지 않다"면서 묘지를 푸른 잔디로 단장해달라는 공사를 입찰에 붙였다. 엄동설한에 푸른 잔디라……. 이때 정주영 회장은 아주 기발한 아이디어를 떠올렸고, 자신에게 공사를 맡겨달라고 했다. 그러고는 며칠 만에 낙동강변의 보리밭에 있는 보리 수십 트럭을 싣고 와 묘지를 푸른 '잔디밭'으로 바꾸어 놓았다. 미군 관계자들은 "원더풀, 원더풀, 굿 아이디어"를 연발했고, 이후 미8군 공사는 모두 정주영 회장의 차지가 되었다.

나중에 그는 "그들이 원하는 것은 잔디가 아니라 푸른빛이었고, 그래서 나는 푸른빛을 입혔다"고 말했다. 긍정의 뿌리에서 나온 통찰의 힘이다.

그가 네 번째로 가출해 인천 부두에서 막노동을 할 때의 '빈대 사건'도 그렇다. 노동자 합숙소에서 밤마다 빈대에게 시달리던 그는 어느 날 꾀를 써서 밥상 위에 올라가 잠을 잤다. 잠시 뜸한가 싶던 빈대들은 이내 밥상 다리로 기어 올라와 물어뜯기 시작했다. 그는 다시 머리를 써서 밥상 다리 네 개를 물을 담은 양재기에 하나씩 담가 놓고 잤다. 빈대가 밥상다리를 타고 오르지 못하게 양재기 물에 익사시키려는 묘안이었다. 그런데 놀라운 것은 빈대들이었다. 벽을 타고 천장으로 올라가더니 사람을 향해 투신하는 게 아닌가. 그때 그는 하찮은 빈대도 물이 담긴 양재기라는 장애물을 뛰어넘으려 그토록 전심전력으로 연구하고 필사적으로 노력해서 제 뜻을 이루는데, 만물의 영장인 인간이 뜻을 세우고 최선을 다하면 무엇이든 이룰 수 있지 않겠나 하는 교훈을 얻었다고 한다.

 '무한대의 가능성'과 '긍정에서 나온 통찰력'으로 당대 최고의 가업을 일군 정주영 회장. 그가 '부싯돌 번쩍하듯 찰나'의 삶에서도 '끝없는 우주'의 큰 그림을 그릴 줄 알았던 비결은 '한겨울의 잔디'와 '천장 위의 빈대', '달팽이의 두 뿔'을 아우르는 '긍정의 힘'에서 나온 것이었다.

잊지 말라 홍시여,
너도 젊은 날엔
떫었다는 걸

진정한 부자, 세상이 모두 내 집일세

서리 맞은 나뭇잎이 2월 꽃보다 붉구나

창조도 풍류에서 나온다

품격이 말한다

조금씩 흙을 쌓아 산을 이루다

최고의 진리는 '스스로 그러한 것'

가끔은 이백과 벗이 될 일이다

지음(知音)과 동행하면 그곳이 낙원

하룻밤 비바람에 피고 지는 인생

十年을 經營ᄒ여

十年을 經營ᄒ여 草廬三間 지여내니
나 ᄒ 간 ᄃᆞᆯ ᄒ 간에 淸風 ᄒ 간 맛뎌 두고
江山은 들일 ᄃᆡ 업스니 둘러 두고 보리라

십 년을 경영하여

십 년을 경영하여
초가 세 칸 지어내니
나 한 칸 달 한 칸에
청풍 한 칸 맡겨 두고
강산은 들일 데 없으니
둘러놓고 보리라.

―송순

• 면앙정 송순(宋純, 1493~1583)은 조선 중기 문신으로, 강호가도(江湖歌道)의 선구자이며 시조에 뛰어났다. 담양 구산서원(龜山書院)에 제향되었다. 문집으로 『기촌집』『면앙집』이 있고, 작품으로는 「면앙정가(俛仰亭歌)」가 유명하다.

진정한 부자, 세상이 모두 내 집일세

초가집 한 채 지어놓고 세상을 다 들여놓았다. 내가 묵을 방 한 칸, 달이 들어올 방 한 칸, 거기에 청풍이 노닐 방 한 칸. 더 이상 들여놓을 데 없는 강산까지 병풍처럼 둘러놓고 보니 남부러울 것 없는 집이다. 그러니 얼마나 여유로운가. 그 덕분에 초가삼간은 천하를 품을 만큼 커다란 집, 우주의 집이 되었다.

욕심과 여유는 다르다. 욕심은 '마이너스 에너지'여서 남의 것을 빼앗아야만 채워진다. 자신과 남을 모두 빈곤하게 만든다. 그러나 여유는 '플러스 에너지'다. 남의 것을 빼앗는 게 아니라 그것을 공유함으로써 더 큰 풍요를 선사한다. 욕심 많은 부자는 남의 곳간을 탐내고, 진정한 부자는 남의 곳간이 가득한 데서 기쁨을 느낀다. 세상엔 부자가 많지만 이처럼 마음까지 풍요로운 부자는 드물다.

척 피니(Chuck Feeney)라는 사람이 있다. 그는 집도 없고 차도 없다. 시계도 몇 만 원짜리이고, 밥도 허름한 식당에서 먹는다. 그러면서도 25년간 4조 원이 넘는 돈을 남 몰래 기부해왔다.

그는 오른손이 한 일을 왼손이 모르게 한 '숨은 억만장자'다. 미국과 베트남, 태국, 남아프리카공화국 등 세계 곳곳의 질병 퇴치와 교육·인권을 위해 거액을 기부하면서 '비밀엄수'라는 조건을 달았다. 그의 어린 시절은 정말 가난했다. 아일랜드계 노동자 가정에서 태어나 어릴 때부터 우산 장사, 카드 판매, 골프장 캐디 등 온갖 아르바이트를 하며 자랐다. 사회에 나와서도 고생의 연속이었다. 그러다가 1950년대 지중해 항구에서 미국 선원들에게 면세 술을 팔아 돈을 벌었고, 마침내 세계적인 소매 면세점 듀티프리 쇼퍼스(DFS)를 창업해 '면세점 신화'의 주인공이 되었다.

엄청난 돈을 모은 그는 1984년 자선재단을 세웠다. 부인과 자녀들 몫으로 얼마간의 돈을 남기고 모든 재산을 사회에 환원했다. '부자란 과시나 허영을 멀리하며 검소하고 소박한 삶의 모범을 보여야 한다'는 앤드루 카네기의 가르침을 실행하면서 진정한 행복을 실현하기 위해서였다.

"돈은 매력적이지만 그 누구도 한꺼번에 두 켤레의 신발을

신을 수는 없다"는 그의 깨달음은 그래서 더욱 빛난다.

부자들은 "돈은 버는 것보다 쓰는 것이 더 어렵다"고 말한다.
미국의 부호 워런 버핏(Warren Buffett)은 독특한 방식으로 이
문제를 해결했다. 재산의 대부분을 빌 게이츠와 그의 아내 멀린
다가 운영하는 자선재단에 맡긴 것이다. 자선활동을 펼치고 있
는 세 자녀의 재단에도 적지 않은 금액을 기부했다. 그리곤 이
렇게 말했다.

"투자자들이 자기가 직접 투자하는 것보다 내가 더 많은 돈
을 벌어줄 것이라고 생각했기 때문에 나는 부자가 되었지요. 마
찬가지로 빌과 멀린다는 나보다 내 돈을 더 잘 써줄 겁니다."

다른 사람이 버핏만큼 부와 명성을 이루었다면 직접 재단을
세워서 자기 이름으로 기부했을 것이다. 그런 점에서 게이츠 부
부의 활동을 지켜본 후 자신의 돈으로 최대한 좋은 일을 많이
하도록 게이츠재단에 재산을 맡긴 버핏의 결정은 아름답고 지
혜롭다.

남에게 베풀면서 인생의 행복을 실현하는 사람들은 의외로
많다. 트레일러 주차장의 버스에서 자라 하버드 의과대학을 졸

업한 뒤 전 세계의 가난한 지역에서 에이즈와 폐결핵에 맞서 평생 동안 의료 활동을 하며 아이티와 르완다에 최초로 공중보건소를 세운 폴 파머 박사, 75년간 세탁소를 운영하며 근근이 모은 15만 달러를 흑인학생들의 장학금으로 미시시피 대학에 기부한 오시올라 맥카티, 학생들을 위해 5만 7천 제곱미터 넓이의 타이거 우즈 학습센터를 세운 골프 황제 타이거 우즈, 양 열두 마리를 우간다의 한 마을에 보내 학생들이 자립할 수 있도록 도운 헤퍼 인터내셔널……

이들 크고 작은 '영웅'들이야말로 세상을 바꾸는 '진짜 부자'들이다. 그러나 대부분의 사람들은 뒤돌아볼 틈도 없이 일상의 아우토반에서 운전대만 꽉 잡고 속도에 집착한다. 그것은 자신에 대한 집착일 뿐만 아니라 남보다 빨리 달리려는 욕심에 지나지 않는다.

송순이 '십 년을 경영하여' 얻은 교훈은 자연을 정복하려는 욕심보다 세상을 품는 그릇이 얼마나 더 소중한지를 깨닫는 것이었다. 진정한 부자란 바로 이런 것이다. 자신을 위한 욕심으로는 절대로 큰 그릇을 채울 수 없다.

산행

멀리 차가운 산 비스듬한 돌길 오르는데
흰구름 피어오르는 곳에 인가가 드문드문.
수레 멈추고 앉아 늦가을 단풍을 보노라니
서리 맞은 나뭇잎이 이월 꽃보다 붉구나.

—두목

山行

遠上寒山石徑斜, 白雲生處有人家.
停車坐愛風林晚, 霜葉紅於二月花.

서리 맞은 나뭇잎이 2월 꽃보다 붉구나

단풍이 물든 늦가을 산의 정취를 노래한 시인데 『당시선(唐詩選)』에 실려 있다. 흰 구름인 백운(白雲)과 서리 맞은 나뭇잎인 상엽(霜葉)을 대비시킨 것도 아름답지만 단풍의 색깔을 이월화(二月化), 즉 봄꽃보다 붉다고 묘사한 대목이 참으로 놀랍다. 여기서 2월은 음력이니 한창 봄의 시작이다.

이토록 '화려한 쓸쓸함'을 묘사한 시인은 만당(晚唐) 전기를 주름잡은 두목(杜牧, 803~853)이다. 그는 이상은(李商隱)과 더불어 이두(李杜)로 꼽혔으며, 작풍이 두보(杜甫)와 비슷하다 해서 소두(小杜)로도 불렸다. 그의 자는 목지(牧之)다. 「춘향가」에서 이 도령을 묘사하는 부분에 "풍채는 두목지(杜牧之)"라는 대목이 나오는데 그게 바로 두목이다. 김만중 소설 『구운몽』에도 "나이는 십육세요, 그 풍채는 두목지요……" 하는 대목이 보인다.

그만큼 그의 용모가 수려하고 풍채가 좋았다는 얘기다. 이 때문에 그는 수많은 여인의 마음을 울리곤 했다. 낙양자사로 재직할 당시 술에 취해 마차를 타고 거리를 지날 때 기생들이 귤을 던져 마차를 가득 채웠다는 유명한 '귤만거(橘滿車)'의 고사도 그래서 나왔다.

26세에 등과한 그는 벼슬이 높았지만 세사에 구애받지 않고 자유롭게 살았다. 스물세 살 때 이미 「아방궁부(阿房宮賦)」를 써 경종의 방탕을 질타했다. 한편으로는 정치와 병법을 연구하면서 당나라의 쇠운을 만회하려고 무던히 노력했다.

그는 말의 수식보다 내용을 중시하고 역사적인 소재를 빌려 세속을 풍자한 작품을 많이 썼다. 산문에도 뛰어났지만 시에 더 출중해서 칠언절구를 잘했다.

중·고교 한문 교과서에 실린 이 시 「산행」도 뛰어난 칠언절구다. 한산(寒山)은 늦가을의 싸늘한 산을 뜻한다. 만(晩)은 저녁 시간이라기보다는 시기상 늦은 때를 의미한다. 이렇게 쓸쓸한 경치를 멀리서 조망하며 오른 뒤 인가가 드문드문 보이는 곳을 내려다보다가 서리 맞은 단풍잎 색깔을 붉은 봄꽃과 대비시키는 과정이 신선하다.

그는 석양빛을 받아 붉게 빛나는 단풍잎을 보면서 한때 푸르
렀다가 스러지는 인생 여정을 돌아봤을지 모른다. 물론 여기까
지만이라면 보통 시정과 다를 게 없다. 그의 눈과 영감이 특별
한 것은 그 황혼의 쇠락한 잎이 청춘보다 더 붉고 아름답다는
데에 있다. 젊은 날의 숱한 어려움을 딛고 지나온 삶의 노정이
그 배면에 펼쳐져 있었을까. 쓸쓸하면서도 화려하고 조락하는
것 같으면서도 다시 피어나는 가을 단풍의 묘미가 아름다움을
더한다.

　장쩌민 중국 국가주석이 우리나라를 방문했을 때 고(故) 김영
삼 대통령이 청와대 뒤편 북악산의 단풍을 화제로 삼았다. 그러
자 장 주석이 "참으로 곱다"며 '서리 맞은 나뭇잎이 이월 꽃보
다 붉구나(霜葉紅於二月花)'라는 구절을 인용했다고 한다.

將進酒辭

혼 盞 먹새그려 쏘 혼 盞 먹새그려
곳 깃거 算 노코 無盡無盡 먹새그려
이 몸 주근 後면 지게 우히 거적 더퍼 주리혀 미여가나
麗蘇寶帳의 萬人이 우러네나

어욱새 속새 덥가나무 白楊수페 가기곳 가면
누른 호 흰 돌 フ는 비 굴근 눈 쇼쇼리 브람 불 제
뉘 혼 盞 먹쟈 흐고

흐믈며 무덤 우히 진 나비 프람 불 제
뉘우촌돌 엇디리

한 잔 먹세그려

한 잔 먹세그려 또 한 잔 먹세그려
꽃 꺾어 산 놓고 무진무진 먹세그려
이 몸 죽은 후면 지게 위에 거적 덮어 졸라서 매어가나
구슬끈 비단 상여에 만인이 울며 따르거나

억새 속새 떡갈나무 백양 숲에 가기만 가면
누런 해 흰 달 가는 비 굵은 눈 쓸쓸히 바람 불 제
뉘 한 잔 먹자 할꼬

하물며 무덤 위에 원숭이 휘파람 불 제
뉘우친들 무엇하리.

• 정철(鄭澈, 1536~1593)은『관동별곡(關東別曲)』등을 지은 조선 중기의 문신 겸 시인이다. 당대 가사 문학의 대가로, 시조의 윤선도와 함께 한국 시가사상 쌍벽으로 불린다. 문집으로『송강집』『송강가사』『송강별추록유사』가 있으며, 작품으로 시조 70여 수가 전해진다.

창조도 풍류에서 나온다

이 시는 송강 정철의 사설시조 「장진주사」다.

　그의 술사랑은 유별났다. 임금이 술 좀 줄이라고 준 은잔을 얇게 펴서 큰 사발로 만든 기행도 유명하다. 술과 자연을 벗 삼아 『사미인곡』과 『속미인곡』 『관동별곡』과 같은 불후의 문장을 남긴 그는 신선처럼 살았다.

　「장진주사」 외에도 술을 소재로 한 시가 많은데, 이 또한 그의 술사랑을 엿보게 하는 작품들이다. 오랜 벗인 우계 성혼이 어느 날 집에 있는 술이 익었다며 한 잔하자고 기별을 보냈다. 소 등에 깔개 하나를 덮고 그 위에 올라 성혼의 집으로 가면서 그는 그 집 아이에게 이렇게 노래한다.

　재 너머 성권농 집에 술 익단 말 어제 듣고

누은 소 발로 박차 언치노하 지즐 타며

아해야 네 권농 계시냐 정좌수 왔다 하여라.

권농이 성혼이요, 좌수가 송강이다. 소 등에 앉아 술 생각에
달뜬 얼굴로 달려가는 송강의 모습이 재미있다.

송강은 정치적 격변기의 소용돌이 한가운데 있었던 인물이
다. 명종 때 매형이 역적으로 몰려 송강의 아버지와 형은 모진
고문을 당하고 유폐되었다. 결국 형은 고문의 후유증으로 죽고,
어린 그는 아버지를 따라 남도와 북쪽 변방으로 유배를 따라나
서야 했다. 성인이 되어서는 동인과 서인의 당쟁에 휘말렸고,
유배와 복권을 몇 차례 거듭했다.

그런 그가 술을 마시면서 단지 풍류만 즐겼을까? 그의 걸작
인『관동별곡』과『사미인곡』등이 모두 유배 생활에서 나온 것
임을 감안하면 그의 시대적 아픔과 내밀한 고독을 짐작할 수 있
다. 이백도「장진주(將進酒)」에서 '하늘이 나를 내셨으니 반드시
어딘가 쓸모가 있다(天生我材必有用)'고 읊지 않았던가.

송강은 술을 마시면서 얼마 뒤 자기 무덤 주변에 있을 '누른

해, 흰 달, 가는 비, 굵은 눈, 쓸쓸한 바람'을 보았다. 그 쓸쓸함을 보고 있는 자신도 보았다. 그리고 생의 밑바닥에서 새로 솟는 샘물을 발견했다. 이것이 곧 가사문학의 절창으로 이어졌으니, 과연 풍류의 술잔에서 창조의 꽃을 피워올린 대가의 풍모답다.

대나무를 그리면서

한 마디 또 한 마디
천 가지에 만 개의 잎
내가 대나무를 그리면서 꽃을 피우지 않는 것은
벌과 나비 수선 떠는 것 면하기 위해서라네.

—정섭

竹一題畵

一節復一節, 千枝璨萬葉.
我自不開花, 免燎蜂與蝶.

• 정섭(鄭燮, 1693~1765)은 청나라의 서화가이자 문인이다. 시·서·화 모두 특색
있는 작풍을 보였다. 시는 체제에 구애받지 않았고, 서는 고주광초(古籀狂草)를 잘
썼다.

품격이 말한다

정섭은 대나무를 잘 그렸다. 벌과 나비가 몰려들어 수선 떠는 것을 피하기 위해 꽃은 빼놓았다니, 과연 그 정신의 높이가 어느 정도인지 알 것 같다.

묵죽(墨竹)의 대가인 그는 판교(板橋)라는 호를 써서 정판교로 더 알려져 있다. 어릴 때 집이 너무 가난하여 공부를 하지 못하다가 늦은 나이에 과거에 급제해 44세가 되어서야 지방 관리가 되었다. 난과 죽을 잘 그려 '양주팔괴(楊州八怪)'의 한 사람으로 꼽혔지만, 그는 자신의 이름보다 백성들의 어려움을 헤아리고 그들을 돕는 데 더욱 적극적이었다.

어느 해 큰 재해가 들었다. 온 가족이 기아에 허덕이며 뿔뿔이 흩어지고 자식을 파는 참상을 눈뜨고 볼 수 없던 그는 관청의 창고를 열어 굶주린 사람들에게 먹을 것을 나눠주었다. 이때 아전이 "관청의 창고를 마음대로 열면 관리로서 죄명을 얻을 것입니다"라고 하자 그는 "상부에 보고하는 절차를 밟는다면 백성들이 그 기간에 얼마나 굶어죽을지 모른다. 만약 죄가 주어진다면 나 혼자 받겠다"라고 하여 1만여 명을 살렸다.

이 일로 그는 권력가의 미움을 사 결국 관직에서 쫓겨났다. 그때 그는 '난득호도(難得糊塗)'라는 유명한 말을 남겼다. "총명하기도 멍청하기도 어렵지만, 총명함에서 멍청함으로 바뀌기란 더욱 어렵다." 그의 품격을 짐작하게 하는 명언이다.

품격이란 사람된 바탕과 타고난 성품, 사물의 품위를 말한다. 품(品)은 여러 사람이 의견을 주고받는 과정에서 좋은 것이 나타난다 하여 '물건'을 뜻하기도 한다. 특히 부수로 쓰인 구(口)에 큰 의미가 있다. 사람의 입과 말을 의미하므로 많은 사람의 '평판'과도 통한다. 그래서 사람의 품격을 인격(人格)이라고 한다.

꽃의 품격이 화품(花品)이라면, 그중에서 대꽃은 일품에 속한다. 대나무는 평생에 단 한 번 꽃을 피운다. 그리고 일생을 마감한다. 그림의 품격을 화품(畵品)이라고 하는데, 벌과 나비의 수선을 피하려고 꽃을 그리지 않은 정섭의 대나무 그림은 최상급이라 할 수 있다.

나는 이 시를 읽으면서 '한국의 슈바이처' 장기려 박사와 '영등포 슈바이처'로 불린 선우경식 원장의 삶을 생각했다. 장기려 박사의 인생은 글자 그대로 '성자의 삶'이었다. 그의 남다른 삶은 청년 시절 '의사를 한 번도 보지 못하고 죽어가는 사람들을 위해 평생을 바치겠다'는 기도에서 출발했다. 나머지 인생은 이 서원을 지키기 위한 순간순간의 집적이라고 해도 과언이 아니다. 평양북도 용천에서 태어난 그는 경성의전에 입학하기 전 가슴 깊이 새긴 이 맹세를 영혼의 청진기 삼아 '인술의 꽃'을 피워냈다.

그가 의사의 길을 걸으면서 겪은 시련과 깨달음의 과정들은 더욱 아릿하다. 그는 '의학이란 눈 내리는 길을 걷는 것과 비슷하다'고 말했다.

"한 걸음, 두 걸음, 매걸음이 미답의 영역에 발자국을 남기는 개척의 역사를 이루지만 세 걸음, 네 걸음 앞으로 나아갈수록 첫 번째 발자국과 두 번째 발자국은 계속해서 내리는 눈에 지워지고 말지 않던가. 그래서 의학은 늘 새롭고도 낯선 영역이다."

일제 때 간에서 암 덩어리를 떼어내는 수술을 처음으로 해내고, 1959년 국내 최초로 간 대량절제수술에 성공하고, 의료보험의 효시인 청십자 의료보험조합을 만든 사람, 가난한 이들을 위해 평생을 바치겠다는 서원을 한 이후 죽을 때까지 병든 사람들과 함께한 사람. 그는 인생의 진정한 품격이 무엇인지를 가장 낮은 곳에서 보여준 최고의 삶을 살다 갔다.

'영등포의 슈바이처 박사'로 불렸던 요셉의원 선우경식 원장의 삶도 그렇다. 그는 의과대학을 졸업하고 미국 유학까지 다녀온 엘리트였지만 종합병원 내과 과장 자리를 버리고 노숙자와 외국인 노동자 등 저소득층 환자를 돌보는 '쪽방 의사'로 살았다. 위암 선고를 받고도 죽기 며칠 전까지 청진기와 진료차트를 들고 가난한 사람들을 돌보러 다녔다.

청빈하게 살면서 자신이 아닌 다른 이들을 위해 평생 헌신한 이들의 삶은 일생에 딱 한 번 꽃을 피우는 대나무와 닮았다.

자탄

이미 지난 세월이 나는 안타깝지만
그대는 이제부터 하면 되니 뭐가 문제인가
조금씩 흙을 쌓아 산을 이룰 그날까지
미적대지도 말고 너무 서둘지도 말게.

— 이황

自歎

已去光陰吾所惜, 當前功力子何傷.
但從一簣爲山日, 莫自因循莫太忙.

• 이황(李滉, 1501~1570)이 「자탄」을 쓴 것은 64세 때다. 이 시는 그가 도산서원
에 머무는 동안 자신을 찾아온 제자 김취려에게 준 것이다. 나는 이미 늙었으니
어쩔 수 없지만 그대는 아직 젊으니 앞으로 성심껏 노력하면 잘될 거라고 격려하
면서, 너무 조급하게 굴지도 말고 그렇다고 어영부영하지도 말고 그저 꾸준하게
해나가라고 조언하고 있다.

조금씩 흙을 쌓아 산을 이루다

농구 황제 마이클 조던은 시합을 하기 세 시간 전부터 빈 코트에 나와 홀로 슈팅 연습을 했다고 한다. 남보다 먼저 도착해 남보다 더 열심히 훈련하는 스타. 놀라운 것은 그가 끊임없이 자유투를 던지는 동안 한 번도 눈을 뜨지 않았다는 사실이다. 두 눈을 감고 슈팅에 몰두하는 그의 모습은 '조금씩 흙을 쌓아 산을 이룰' 때까지 그가 얼마나 피눈물 나는 노력을 거듭했는지를 잘 보여준다.

그 모습을 조용히 지켜보던 사람이 있었다. 미국 프로농구 필라델피아 세븐티식서스의 구단주 팻 크로스였다. 그는 조던의 탁월한 능력과 집중력이 바로 이 같은 노력의 결실이라는 것을 알고 있었다.

조던이 자신의 시간과 땀을 투자하고, 다른 선수들보다 먼저 코트에 나와 연습하는 과정은 곧 팀원 전체의 승리로 이어졌다. 자신의 '흙'을 쌓는 것뿐만 아니라 팀원들이 함께 흙을 쌓고

산을 이룰 수 있도록 솔선수범의 리더십까지 발휘하는 것이다. "경기를 하는 것은 각각의 선수들이지만 챔피언십을 획득하는 것은 팀"이라는 그의 말처럼 이 같은 노력은 개인의 성공을 넘어 팀의 승리로 확장되고 승화된다.

어느 분야든 장인이 되는 길은 멀고도 험하다. 노력과 조던의 진면목을 알아본 팻 크로스도 프로농구 구단주가 되기 전엔 평범한 물리치료사였다. 그가 동부 리그 최하위팀인 필라델피아 세븐티식서스를 5년 만에 최고의 팀으로 키워낼 수 있었던 것도 '흙을 쌓아 산을 이루는' 불변의 성공 원리를 미리 깨우친 덕분이었다. 그의 팀은 2000~2001년 시즌에 56승을 기록하며 애틀랜틱 디비전의 선두 자리와 동부 컨퍼런스 챔피언십을 차지했고, NBA 세계챔피언십 최종 결승전에 올라 준우승까지 따냈다.

성공학의 대가인 나폴레온 힐(Napoleon Hill)도 꾸준한 노력이 얼마나 중요한지를 보여준 사람이다. 그가 일흔이 넘은 강철왕 카네기와 인터뷰를 하던 날의 일이다. 카네기는 세 시간 이상의 인터뷰에도 지치지 않고 "식사를 함께 하면서 인터뷰를 계속하자"고 말했다. 그는 카네기의 열정에 이끌려 결국 사흘 밤낮 인터뷰를 하게 되었다.

'지상에서 가장 긴' 인터뷰가 끝난 뒤 카네기는 그에게 한 가지 제안을 했다. 지금까지 말한 자신의 철학을 바탕으로 하나의 프로그램을 만들어보자는 것이다.

"자네가 이 프로그램을 완성하는 데 대략 20년 정도 걸릴 텐데 그동안 재정적인 지원은 없을 걸세. 그래도 하겠나?"

카네기의 뜬금없는 제안에 놀라긴 했지만 그는 그 일을 하기로 결심했다. 그리고 20년 동안 카네기가 소개해준 사람들을 차례로 만나 그들의 철학을 정리했다. 그 유명한 헨리 포드와 루스벨트 대통령 등 수많은 인물들이 그를 거쳐 갔다. 그가 20년간 그렇게 할 수 있었던 것은 무슨 일이든 '미적대지도 말고 너무 서두르지도 않으면서' 꾸준하게 노력하면 꼭 이루어진다는 믿음 덕분이었다.

카네기의 말대로 그는 20년짜리 프로젝트를 통해 그만의 '성공 프로그램'을 창안해냈다. 그 결과 그는 성공학의 대가가 되었고, 그의 책은 전 세계적인 밀리언셀러가 되었으며, 그의 강의 내용은 현대 성공학의 바이블이 되었다.

'돌부처'로 불리는 바둑의 이창호 9단 역시 절대로 '미적대지도, 서두르지도' 않는 인물이다. 그는 열한 살에 데뷔해 2년 뒤인 1988년 최다 대국, 최다승, 최고 승률, 최다 연승의 진기록을 남겼지만 하루도 훈련을 거르지 않았다. 그러면서도 스스로는 '느림보'라고 말한다. 그 말 속에서는 '조금씩 흙을 쌓아 산을 이룰 그날까지' 남보다 더 많이 노력하고 더 많이 연습하는 그의 가치관이 녹아 있다.

그가 한 인터뷰에서 남긴 말이 더욱 의미 있다. 느린 행마로도 스피드를 제압할 수 있는 이유가 무엇인지를 묻는 질문에 그는 이렇게 대답했다. "느린 쪽이 단지 둔한 수라면 스피드에 밀릴 수밖에 없다. 솔직히 말해서 나는 능력이 부족해서 둔한 수를 잘 두고, 그 때문에 초반엔 자주 밀리곤 한다. 그러나 빠른 게 꼭 좋다고 생각하지 않는다. 느림에도 가치 있는 느림이 있다. 가치 있는 느림은 스피드를 따라잡을 수 있다."

그러니 절대 서두를 필요가 없다. 무슨 일이든 꾸준히 하는 게 중요하다. 어떤 일을 할 때 가장 많이 겪는 유혹이 눈앞의 목표에 대한 조급함이다. 짧은 시간에 성과를 얻는다면 좋겠지만 세상은 그렇게 녹록하지 않다.

조금씩 흙을 쌓아 산을 이룰 그날까지
미적대지도 말고 너무 서두르지도 말게.

시간에 쫓기는 현대의 직장인들에게 그대로 적용된다.

사립문

바람이 불면 저절로 닫히고
일 없을 땐 한낮에도 늘 닫혀 있네
열리고 닫힘이 그때그때 형편에 따르니
하늘과 땅 사이의 이치가 바로 여기에 있다네.

—주돈이

書春陵門扉

有風還自掩, 無事晝常關.
開闔從方便, 乾坤在此間.

• 주돈이(周敦頤, 1017~1073)는 송나라의 유학자이다. 도가사상의 영향을 받고 새
로운 유교이론을 창시했다. 그는 세계가 '태극 → 음양→ 오행→ 남녀→ 만물'의
순서로 구성된다고 주장했다. 또한 도덕과 윤리를 강조하면서 우주생성의 원리와
인간의 도덕원리가 같다고 강조했다.

최고의 진리는 스스로 그러한 것

무엇이든 억지로 하면 실패한다. '열리고 닫힘이 그때그때 형편에 따르는' 사립문처럼 크고 작은 일에도 순리가 있다. 가장 큰 힘은 자연스러움에서 나온다.

2차 세계대전 당시, 영국군은 독일과 이탈리아를 상대로 북아프리카에서 주도권을 다투고 있었다. 초반에는 무능한 이탈리아군을 상대로 연일 승리를 거뒀다. 그러나 '사막의 여우'라 불리는 독일의 롬멜 장군이 등장하면서 수세에 몰리게 되었다. 롬멜은 새로운 전략과 기갑군의 기동 전술로 영국군을 궁지로 몰아넣으며 승승장구했다.

상황이 심각해지자 영국의 수상 처칠은 주둔군 사령관을 몽고메리 장군으로 교체한 뒤 빨리 독일군을 몰아내라고 재촉했다. 그러나 몽고메리 장군은 이를 무시하며 차근차근 공세 준비에 착수했다.

계속된 패배와 불리한 전황 때문에 시간적으로나 심적으로 여유를 부릴 때가 아니었다. 그럼에도 몽고메리는 서두르지 않았다. 우선 사기가 떨어질 대로 떨어진 장병들의 기본 훈련부터 충실하게 시켰다. 또 보급이 원활하지 못한 롬멜의 상황을 역이용하면서 물량의 우위를 점하기 위해 전선이 재정비될 때까지 침착하게 기다렸다.

몽고메리는 당장의 승리라는 작은 열매에 혹하지 않았다. 전술의 이치에 맞도록 전력을 강화하고 세부 계획을 꼼꼼하게 세웠다. 전쟁의 근본을 알아야 승리한다는 지론이 있었기에 어떤 재촉에도 흔들리지 않았던 것이다. 그 결과 그는 엘 알라마인 전투에서 대승을 거두었고, 참패한 독일은 북아프리카에서 완전히 철수하게 되었다.

흔히 리더의 유형을 네 가지로 나눈다. 똑똑하고 부지런한 리더, 똑똑하나 게으른 리더, 멍청하나 부지런한 리더, 멍청하고 게으른 리더. 그중에서 가장 경계해야 할 리더는 '멍청하나 부지런한' 리더다. 전략적 여유도 없이 이것저것 마구 들쑤시는 지휘관은 일만 많고 성과는 없다. 가장 훌륭한 리더는 '똑똑하나 게으른' 리더인데, 이러한 사람은 상황 판단이 민첩하고 핵

심을 꿰뚫어볼 줄 알기 때문에 전체적인 상황과 흐름을 읽을 줄 안다. 그래서 때를 기다릴 줄 아는 전략적 리더십을 발휘한다.

이런 리더십은 억지로 되는 게 아니라 지극히 자연스러움 속에서 나온다. 틀에 갇힌 사고로는 기껏 문제를 풀 공식만 얻을 뿐 '스스로 그러한' 원리와 원칙을 깨닫기 어렵다.

자유롭게, 그리고 자연스럽게 생각하는 것. 큰 물결의 흐름처럼 승리할 수밖에 없는 상황으로 전투를 이끌고 준비했던 몽고메리의 사례를 보면 그러한 원리를 쉽게 알 수 있다.

月下獨酌

花間一壺酒, 獨酌無相親.
舉杯邀明月, 對影成三人.
月旣不解飲, 影徒隨我身.
暫伴月將影, 行樂須及春.
我歌月徘徊, 我舞影零亂.
醒時同交歡, 醉後各分散.
永結無情游, 相期邈雲漢.

달빛 아래 홀로 술을 마시며

꽃밭 한가운데 술 항아리

함께 할 사람 없어 혼자 기울이네

술잔 들어 밝은 달 청하니

그림자 더불어 셋이 되었구나

저 달은 본시 마실 줄 몰라

한낱 그림자만 나를 따르네

그런대로 달과 그림자 데리고

모처럼 봄밤을 즐겨보리라

내가 노래하면 달은 나를 맴돌고

내가 춤추면 그림자도 따라 너울

깨어 있을 때는 함께 어울리다가

취한 뒤에는 제각기 흩어지겠지

아무렴 우리끼리 이 우정 길이 맺어

이 다음 은하 저쪽에서 다시 만나세.

—이백

• 「월하독작(月下獨酌)」 연작 4수 중 제1수. 이백(李白, 701~762)이 44세 때 쓴 시다.

가끔은 이백과 벗이 될 일이다

몇 년 전 어느 날, 퇴근 시간이 가까워질 무렵이었다. 눈코 뜰 새 없이 바쁘다가 모처럼 여유가 생겼다. 바깥 풍경은 한가로웠고 급한 마감 거리도 없었기 때문에 의자에 지긋이 기대어 책장을 넘기다가 '아하! 오늘 같은 봄밤에는 술 한 잔하면서 이백과 두보에나 빠져볼까?' 하는 생각이 들었다.

그런데 이런 날 혼자 술을 마시며 천천히 시를 읽을 만한 데가 어디 있을까? 한참을 생각하다가 '그래, 민가다헌으로 가자' 하고는 길을 나섰다.

민가다헌은 운현궁 맞은편에 있는 전통가옥. 구한말 외교구락부 분위기의 제법 근사한 한옥 레스토랑인지라 예약을 하지 않으면 자리가 없는 곳이다. 아니나 다를까, 식사 손님이 많아 빈자리가 거의 없었다. 내가 좋아하는 테라스나 서재, 카페는 이미 꽉 차 있었다. 할 수 없이 여러 개의 식탁이 두 줄로 늘어

선 홀에 자리를 잡고 포도주 한 병을 주문했다.

그러고는 읽다 만 『당시선(唐詩選)』을 한 페이지씩 넘기기 시작했다. 포도주 한 모금에 시 한 편씩이라……. 봄밤의 엄청난 사치였다. 그렇게 온갖 여유를 부려가며 삼십 수쯤 읽다 고개를 들어보니 홀은 텅 비어 있었다. 그 넓은 홀이 꽃밭처럼 보였다. 밖을 내다보니 달빛도 교교했다. 갑자기 봄 꽃밭에 앉아 홀로 술잔을 기울이는 주선(酒仙)이 된 듯했다. 마침 그때 발견한 시가 바로 「달빛 아래 홀로 술을 마시며」였으니 1,300년 전의 시선(詩仙)이 어쩌면 이리도 신묘한 혜안을 지녔을꼬!

아닌 게 아니라 하늘의 달과 나와 내 그림자가 더불어 술을 마시는 풍광은 심히 얼큰했다. 누구든 곁에 있으면 권커니 잣거니 하면서 주지(酒池)에 몸을 담그고 싶은 밤이었다.

혼자 마시는 게 아쉬워 멀리 있는 문우(文友)에게 시를 읽어주려고 전화를 걸었다. 그런데 그도 이미 봄밤의 호사에 겨웠는지 전화기를 꺼놓고 어딘가로 잠적했다. 할 수 없이 나는 벗의 그림자를 데리고 앉아 소리 내어 시를 읽어주었다.

몇 번을 읊조리다 보니 술잔은 다 비었고 달도 기울었다. 자정이 넘은 민가다헌의 불빛은 불콰했다. 이렇게 혼자 마시는 술이 얼마 만인가. 이백과 더불어 탁주도 동동주도 아닌 포도주를 마시다니. 마음이 알싸해지면서 취기가 서서히 몰려왔다. 맑은 별이 몇 점 반짝였다.

그러고 보니 '봄밤에는 왜 울고 싶어지는가'라며 술잔에 눈물을 떨구던 나의 문우는 오늘 밤 양수리의 다산 생가 앞 어디쯤에서 강물에 버들잎을 띄워 보내고 있을지도 모를 일이다 싶었다.

내가 이렇게 시집 한 권의 아홉 배나 되는 술값을 아까워하지 않고 몇 년 만에 호사를 부리는 것도 그는 이해해줄 것이다. 그 친구 역시 누구보다 "꽃잎 한 점 질 때마다 줄어드는 봄밤"(두보의 「곡강이수」)의 아쉬움을 아는 사람이기 때문이다. 더구나 옛사람과 마주 앉아 깊고도 부드러운 벨벳 같은 포도주의 미감을 나누는 순간 '흐르는 저 강물에게 물어보게. 우리들 석별의 정과 강줄기 중 어느 것이 더 기냐고'라던 이백의 시구까지 겹치던 그날은 더욱.

그렇다. 가끔씩 홀로 술을 마실 일이다. 시가 있고, 달빛이 있고, 그림자가 있으니, 이 얼마나 풍요로운가. 세상일에 치여 여유를 잃고 사는 우리에게 '달빛 아래 홀로 술을 마시는' 순간이야말로 '이 다음 은하 저쪽에서 다시 만날' 시공의 근본을 일깨워주는 '꽃밭'이다.

진정으로 자신을 돌아보려면 이백처럼 홀로 술 마실 시간을 자주 가져야 한다. 앞만 보고 달려온 세월의 바퀴자국에서 자신의 참모습을 발견하는 여유, 작은 일로 아웅다웅 하는 지상의 하루에서 광대무변한 우주의 일상으로 확장되는 의식의 비상, 이 놀라운 초월의 세계가 그 속에 있다.

어쩌다 큰 계약을 성사시킨 뒤의 우쭐함이나 아까운 프로젝트를 놓쳤을 때의 의기소침을 다스릴 때에도 이백의 「달빛 아래 홀로 술을 마시며」는 한없이 따뜻한 친구다.

閨意獻張水部

洞房昨夜停紅燭，待曉堂前拜舅姑．
粧罷低聲問夫婿，畫眉深淺入時無．

장수부에게 올림

지난 밤 화촉동방에 붉은 등불 꺼지더니
이른 새벽 시부모께 인사하길 기다리네
화장 끝나고 소리 낮춰 신랑에게 묻기를
눈썹 그린 것 어때요, 어울리나요?

― 주경여

• 당나라 시인 주경여(朱慶餘)의 「규의헌장수부(閨意獻張水部)」라는 시다. 이 시는
「근시상장수부(近試上張水部)」라고도 불린다.

지음(知音)과 동행하면 그곳이 낙원

주경여의 작품 중에서 가장 유명한 시다. 제목에 나오는 장수부는 당나라 시인 장적(張籍)을 가리킨다. 초야를 치른 신부의 이야기를 그린 듯하지만 실은 과거를 앞둔 주경여가 친구인 장수부에게 자기 실력이 어떤지, 과거에 붙을 만한지를 은유적으로 물어본 시다. 신혼에 시부모님께 인사하는 것과 시험관 앞에 나아가는 것을 비유한 대목뿐만 아니라 신부와 자신, 신랑과 장적을 비유한 솜씨가 압권이다. 눈썹 화장이 시류에 맞는가 하는 것은 자기 글의 수준이 어느 정도인지, 시험관의 구미에 맞는지를 물어본 것이다.

이 시에 대한 장적의 화답도 걸작이다.

아리따운 여인 화장하고 거울을 떠나면서
어여쁜 줄 알면서도 또다시 중얼댄다
가지런한 비단옷이야 사람만큼 귀하지 않지만

한 곡조 노래는 족히 만금에 해당되네.

越女新妝出鏡心, 自知明艶更沉吟.
齊紈未足人間貴, 一曲菱歌敵萬金.

　과거시험을 앞두고 마음 졸이는 친구에게 '그 정도 솜씨면 충분히 합격하고도 남을 것'이라며 이를 '만금에 해당된다'고 표현한 것이다.

　장적은 그때 수부원외랑이라는 낮은 관직에 있었지만 시를 잘 써서 당대의 문인이나 조정 대신들과 친분이 두터웠다. 그런 그가 주경여의 글을 조정 관원들에게 널리 소개하자 모두들 좋아했다. 친구의 속 깊은 배려 덕분에 주경여의 과거 급제는 '떼어 놓은 당상'이었다.

　홍대 앞 한 카페에서 이 시를 읽으며 혼자 빙긋이 웃고 있는데 휴대전화가 울렸다. 한 달 전에 얼큰하게 한 잔했던 대학 동창이었다. 다음 달에 새로운 일을 시작한다면서 전혀 다른 분야의 일이라 걱정이 많다고 했다. 그는 생태적으로 굼뜬 스타일이었다. 무슨 일이든 시작하기 전에 망설이고 자신감도 부족했다. 나는 그에게 이 시를 읽어주며 "그동안의 준비가 만금에 해당된 다"고 말해주었다. 그의 목소리가 환해졌다.

주변에 승진이나 큰 시험을 앞둔 친구가 있다면 이 일화를 들 려주며 힘을 북돋워주자.

곡강이수 1

꽃잎 한 점 질 때마다 봄날이 줄어들거늘
바람에 만 점 잎이 흩날리니 시름겹도다
막 지려는 꽃이 눈에 스치는 것 잠시 바라보고
몸 상한다 하여 술 마시는 일 마다하지 않으리
강가 작은 집에 물총새 둥지 틀고
동산 옆 높다란 묘 기린 석상 누워있네
천천히 물리를 헤아리며 마음껏 즐겨야지
무엇하러 헛된 명예에 이 몸을 얽어매리요.

— 두보

曲江二首(一)

一片花飛減却春, 風飄萬點正愁人.
且看欲盡花經眼, 莫厭傷多酒入脣.
江上小堂巢翡翠, 苑邊高塚臥麒麟.
細推物理須行樂, 何用浮名絆此身.

곡강이수 2

조회 끝나고 돌아와서는 봄옷 저당 잡히고
날마다 강가에서 흠뻑 취해 돌아가네
외상 술값은 가는 데마다 깔렸느니
인생 칠십이 예로부터 드물다 했지
나비들은 뚫을 듯이 꽃에 파묻히고
잠자리는 물을 찍으며 천천히 날아가네
아름다운 풍광도 인생처럼 흘러가는 것
이 좋은 경치를 어찌 아니 즐길 건가.

曲江二首(二)

朝回日日典春衣, 每日江頭盡醉歸.
酒債尋常行處有, 人生七十古來稀.
穿花蛺蝶深深見, 點水蜻蜓款款飛.
傳語風光共流轉, 暫時相賞莫相違.

• 이백과 더불어 당시단(唐詩壇)의 쌍벽을 이룬 두보(杜甫, 712~770)가 지은 시.
곡강(曲江)은 장안 동남쪽 끝에 있는 연못으로, 주변 경치가 수려하고 서남쪽에는
부용원이 있다.

하룻밤 비바람에 피고 지는 인생

내가 참 좋아하는 시다. 사람과의 관계처럼 봄도 오는 봄보다 가는 봄이 더 애잔하다. 아름다운 곡강은 안록산의 난 이후 피폐해졌고, 주인 없는 집 처마에는 물총새가 둥지를 틀었다. 화려하던 부용원 근처의 큰 무덤 역시 돌보는 이 없어 석상들이 나뒹굴고 있다. 이처럼 무상한 모습을 그리면서 시인은 세상 이치를 잘 헤아려 인생을 즐기는 것이 중요하지 부질없는 공명에 몸을 묶어 무엇하겠느냐고 묻는다.

조회를 마치고 돌아오면서 봄옷을 저당 잡히고 외상술을 마시는 것도 세상이 난분분히 떨어지는 꽃잎처럼 허망하기 때문이다. 더구나 인생 칠십을 넘기는 사람이 드무니 어찌 술로 그 슬픔을 달래지 않겠느냐고 노래한다. 바로 이 구절 '인생칠십고래희(生七十古來稀)'에서 '고희(古稀)'라는 말이 나왔다.

나비가 꽃을 파고들고, 잠자리가 수면 위로 날아다니는 봄날이 풍경도 우리 인생처럼 금방 흘러가 버릴 것이다. 그래서 얼마 남지 않은 봄을 붙잡고자 하는 마음이 더욱 아릿하다.

두보의 이 시를 조선 중기 문장가 송한필(宋翰弼)의 「우음(偶吟)」과 함께 읽으면 인생의 희비를 더욱 깊게 음미할 수 있다.

> 어젯밤 비에 피었던 꽃
> 오늘 아침 바람에 떨어지네
> 가련하다 한 봄의 일이
> 비바람에 오고 가는구나.

> 花開昨夜雨, 花落今朝風.
> 可憐一春事, 往來風雨中.

송한필은 뛰어난 재주에도 불구하고 신분적 제약의 아픔을 겪었던 인물이다. 그러나 율곡 이이는 "성리(性理)에 관해 토론할 만한 사람으로 오직 익필(翼弼, 송한필의 형) 형제뿐"이라고 평했다.

하룻밤 비바람에 떨어지는 꽃을 보며 봄이 가는 것을 아쉬워

하는 것 같지만 이 짧은 시구에 한없이 깊은 생의 이면을 보여주고 있다.

'어젯밤 비'와 '오늘 아침 바람'처럼 찰나에 지나가는 게 인생이다. 그러니 허명에 얽매이지 말고 현재의 삶을 매순간 즐기면서 누릴 일이다.

시간에 쫓기다 보면 정작 소중한 것을 잃게 된다. 오늘만이라도 바람에 날리는 꽃잎과 아름다운 풍광을 바라보며 진실로 중요한 것이 무엇인지 생각해보자.

겨울

눈밭 앉았던 기러기
흔적을 어찌 알리

녹는 눈 위에 남긴 발자국 같네
'로맨틱 시화'와 '커뮤니케이션 시화'
발 세우고 때 기다려 천하를 얻는다
뛰어난 장수는 칼로 싸우지 않는다
미완의 가치와 여백
내 귀가 나를 가르친다
독사에 물린 팔은 잘라내야 하는 법
집착의 끝은 공(空)이다
만월에 취하지 마라, 내일이면 기울 것을

和子由

人生到處知何似，應似飛鴻踏雪泥.
泥上偶然留指爪，鴻飛那復計東西.

자유에게 화답하다

인생살이 무엇과 같은지 아는가
녹는 눈 위에 남긴 기러기 발자국 같네
그 위에 몇 개의 발자국 남겼다 해도
날아간 뒤 동인지 서인지 어찌 간 곳을 알겠나.

—소동파

• 소동파(蘇東坡, 1037~1101)의 작품으로 '설니홍조(雪泥鴻爪)'라는 성어의 유래가
된 시다. 이 시를 보면 그가 젊은 시절부터 세속적인 것의 무상성과 무가치성을
간파하고 있었음을 알 수 있다.

녹는 눈 위에 남긴 발자국 같네

"요임금 때에 고요(皐陶)가 법관이 되었는데 한 사람을 사형에 처할 일이 생겼다. 고요가 '사형에 처해야 합니다'라고 하자 요임금은 용서하라고 했다. 이런 식으로 고요는 세 번이나 사형에 처해야 한다고 주장하고, 요임금은 세 번이나 용서하라고 명령했다. 그러므로 천하가 고요의 법 집행이 준엄함을 두려워하고 요임금의 형벌 적용이 관대함을 좋아한다."

소동파가 스물두 살 때 과거시험에 제출한 답안지다. 그는 다음 구절에 이렇게 설명했다.

'상을 줄 수도 있고 상을 안 줄 수도 있을 때 상을 주는 것은 지나치게 인자한 것이고, 벌을 줄 수도 있고 벌을 안 줄 수도 있을 때 벌을 주는 것은 지나치게 정의로운 것이다. 인자함은 지나쳐도 군자로서 문제가 없지만 정의로움이 지나치면 그것이 발전하여 잔인한 사람이 된다. 그러므로 인자함은 지나쳐도 되지만 정의로움이 지나쳐서는 안 된다.'

고시관리위원장인 구양수(歐陽修)는 이 답안지를 보고 무릎을 치며 수석으로 뽑았다. 그러다 머리를 갸웃거리고는 두 번째로 밀어내렸다. 아무래도 자신의 제자인 것 같아 차석으로 제친 것이다. 재주는 단연 앞섰으나 혹여 있을지 모를 구설을 방지하기 위해서였다.

그 정도로 소동파의 문재는 뛰어났다. 그는 황제의 총애를 받았고 정치적 재능 또한 최고라는 칭송을 받았다.

그때나 지금이나 이런 경우엔 정적이 많아진다. 소동파도 그래서 좌천과 유배를 거듭하며 여러 지역을 떠돌았다. 나중엔 중국 최남단 하이난다오(海南島)까지 귀양을 갔다. 그곳에서 7년 동안 유배를 살다 세상이 바뀌어 복귀하던 중 길에서 삶을 마쳤으니 당송팔대가 중 으뜸이라는 그의 삶도 파란만장했다.

그는 불후의 명작으로 꼽히는 「적벽부(赤壁賦)」를 비롯해 수많은 문장을 남겼다. 중국 사람들이 즐겨 부르는 노래의 한 소절인 '한 가지 바라는 건 사람이나 오래 살아, 천 리 밖에서 고운 달을 함께 봤으면'은 그의 작품에서 나왔다.

중국인들이 그를 이토록 좋아하는 것은 천고의 명작이 많기 때문이기도 하지만 그의 작품이 형식적 제약을 거부하고 실용성과 합리성을 잘 살린 데다 자연미와 개성미를 중시하고 자신의 생각과 감정을 과감하게 표현해서이기도 하다.

그가 하이난에서 남긴 이 시「자유에게 화답하다(和子由)」도 마찬가지다. 기러기 앉았던 발자국마저 눈이 녹으면 흔적 없이 사라지는데 인생의 자취도 그와 같이 없어지고 말 것이라는 의미다. 이 시를 계기로 인생의 덧없음이나 희미한 옛 추억을 비유하는 '설니홍조(雪泥鴻爪)'라는 말이 쓰이게 되었다.

북쪽 하늘 맑다기에

북쪽 하늘 맑다기에 우장 없이 길을 나니
산에는 눈이 오고 들에는 찬비로다
오늘은 찬비 맞았으니 얼어 잘까 하노라.

―임제

北窓이 몱다커늘

北窓이 몱다커늘 雨裝업시 길을 난이
산에는 눈이 오고 들에는 찬비로다
오늘은 춘비 맞잣시니 얼어 잘까 ᄒ노라

• 조선 중기 풍류남아인 백호 임제(林悌, 1549~1587)가 기생 한우에게 '작업을 걸
면서' 건넨 시다. 그는 강직한 성격에 재주가 뛰어났다. 한편으로는 한없이 부드
러운 로맨티스트였다. 35세 때 평안도사로 부임하러 가는 길에 개성의 황진이 묘
에 들러 관복 차림으로 제를 지내며 '청초 우거진 골에 자난다 누엇난다. 홍안을
어듸 두고 백골만 무쳤난이. 잔 자바 권하리 업스니 그를 슬허하노라'라는 추도시
를 읊었다가 파직되기도 했다.

'로맨틱 시화'와 '커뮤니케이션 시화'

삼성그룹의 인사시스템을 확립한 이우희 전 에스원 사장은 시와 그림을 좋아하기로 유명하다. 젊었을 때부터 시 수백 편을 외우고 다녔고, 술자리에서도 흥이 나면 시조 몇 편은 연달아 읊어댄다.

제일제당에 입사해 인사담당 이사를 지내고 삼성전자 인사담당 상무와 삼성그룹 회장비서실 인사팀장을 거친 이력만 보면 '빈틈'이 없어 보이지만 그는 '누구보다 부드러운 로맨티스트'라고 자신을 평한다. 기자들과의 '선술집 대화'에서도 백호 임제의 로맨틱 시조로 분위기를 이끌었다.

"집사람을 처음 보는 순간 마음에 들더라고요. 그래서 헌시(獻詩)를 많이 읊어줬죠. 그때는 지금처럼 문자메시지를 날릴 수 있는 것도 아니어서 편지를 많이 썼는데, 그러려면 좋은 시를 많이 알아야 했어요. 릴케나 바이런의 시를 원문 그대로 적기도 하고, 폼 잡으려고 시집을 들고 다니기도 하고요."

지금 외우는 시가 몇 편이나 되냐는 질문에 그는 이렇게 답했다.

"그 시절에는 수백 편을 외울 수 있었는데……, 지금도 시조 몇 수는 외웁니다. 사실 조선시대에도 재미있는 연애시들이 많았어요. 백호 임제 같은 이는 유명한 로맨티스트였지요. 임제가 평안도 감사로 발령되어 평양으로 가는 길에 황진이 무덤 앞에서 시 한 수를 읊습니다. '청초 우거진 골에 자난다 누엇난다. 홍안을 어듸두고 백골만 무쳤난이…….' 그런데 명색이 사대부가 기생 무덤 앞에서 시를 읊었으니 평양에 도착하기도 전에 잘려버렸죠. 임제와 장안의 유명한 기생인 한우(寒雨)와의 연애담도 유명하죠. 어느 비오는 겨울 날 임제가 한우를 찾아가서 시조 한 수를 읊어요. '북창이 맑다커늘 우장 없이 길을 나니 산에는 눈이 오고 들에는 찬비로다.' 그러니까 한우가 '어이 얼어 자리. 므스일 얼어 자리. 원앙침 비취금을 어디 두고 얼어자리'라고 화답하지요. '한우'라는 한자 이름을 절묘하게 이용한 거죠."

이우희 전 사장의 이야기처럼 임제가 한우에게 건네는 '수작'이 눈에 선하다. 길을 나설 땐 하늘이 맑다고 했는데 갑자기 찬비를 맞았으니 얼어 잘 수밖에 없게 되었노라며 측은지심을 유발하는 모양새다. 어찌 보면 모성애를 자극하려는 희극으로도 보이는데, 그 상징이나 은유가 참으로 기 막히다.

기생 이름인 한우(寒雨)가 '찰 한, 비 우'이니 문자 그대로 '찬 비' 아닌가. 비 맞고 춥게 자게 됐다고 볼 수도 있지만, 속내는 한우와 함께 잘 수 있게 되었다는 뜻일 수도 있다.

임제의 로맨틱한 프러포즈에 한우는 이렇게 화답했다.

어이 얼어 자리 무슨 일 얼어 자리
원앙침 비취금을 어디 두고 얼어 자리
오늘은 찬비 맞았으니 녹아 잘까 하노라.

얼어 자기는커녕 원앙금에 비취 이불을 덮고 따뜻하게 녹아 잘 수 있게 하겠다니 그야말로 임제가 듣고 싶은 대답이었다. 비록 이름은 '찬비'지만 속으론 뜨거운 가슴을 지녔기에 꽁꽁 언 몸도 포근히 녹일 수 있다는 그 풍류와 사랑 또한 당대 최고의 시인의 격에 맞춤하다.

하고 싶은 이야기를 글로 주고받는 것이 필담(筆談)이라면, 시로써 대화를 나누는 것은 시담(詩談) 혹은 시화(詩話)라 할 수 있다. 시를 매개로 한 교감은 직설적인 말보다 훨씬 운치 있고 효과도 크다. 그중에서 임제와 한우의 '로맨틱 시화'는 가히 최고봉이라 할 수 있다.

이러한 시담이 남녀상열지사에만 해당되는 것은 아니다. CEO나 비즈니스맨들이 영업과 협상의 자리에서도 얼마든지 멋진 '커뮤니케이션 시화'를 활용할 수 있지 않겠는가.

白鷺鷥

刻成片玉白鷺鷥，欲捉纖鱗心自急.
翹足沙頭不得時，傍人不知謂閑立.

해오라기

옥으로 다듬었나 백로 한 마리

물고기 잡으려고 마음 졸이며

물가 모래밭에 발 쫑긋 세우고 때를 기다리는데

사람들은 영문 모르고 그 모습 한가롭다 말하네.

—노동

• 노동(盧仝, ?~835)은 당나라 중기의 시인이다. 붕당의 횡포를 풍자한 장편 시 「월식시(月蝕詩)」가 유명하다.

발 세우고 때 기다려 천하를 얻는다

겉보기에는 한가로운 것 같아도 백로는 먹이를 잡으려고 '발 쫑긋 세우고' 한껏 몰입해 있다. 그는 한 끼 식사를 위해 숨을 죽인 채 최대한 집중한다. 물고기를 정확하게 사냥할 '때'를 기다리고 있는 것이다.

이 시를 지은 당나라 시인 노동은 몹시 가난했지만 꿋꿋하게 신념을 지켰다. 이런 그의 인품을 높이 산 조정에서 출사를 권했지만 그는 사양하고 은둔의 나날을 보냈다. 그러면서 세상 사람들에게 '물가 모래밭의 백로 한 마리'가 매순간 얼마나 집중해서 한생을 사는지 일깨워주었다.

무슨 일이든 '타이밍'이 있다. 노력도 중요하지만 '때'를 잘 맞춰야 하는 것이다. 그 '때'가 우연히 찾아올 수도 있지만, 대부분은 인내하며 기다리는 자에게 찾아온다. 미래를 내다보는 혜안도 마찬가지다. 선지자들의 예언에 귀를 기울이는 이유 또한 '앞으로 어떻게 될 것인가'보다 '그래서 무엇을 준비해야 하는가'가 중요하기 때문이다.

　'통일 스페인의 어머니'로 불리는 이사벨 1세. 그녀는 콜럼버스의 신대륙 발견에 결정적인 역할을 한 인물로도 유명하다. 그러나 그의 성공은 하루아침에 이루어진 게 아니다. 이사벨이 태어났을 때 이베리아 반도는 여러 나라로 쪼개져 있었다. 카스티야 왕국의 딸로 태어났지만 그에게는 넘어야 할 산이 너무나 많았다. 왕권도 약했고, 세 살 때 아버지마저 세상을 떠났다.

　이복오빠인 엔리케가 왕위에 오르자 그녀는 남동생과 함께 궁에서 쫓겨났다. 그러나 슬픔을 '약'으로 삼으며 때를 기다렸다. 왕위 계승의 다툼 속에서 친동생이 독살당하는 아픔까지 삭이며 인고의 세월을 보내야 했다.

　우여곡절 끝에 왕위계승자로 지목되었을 때도 자신의 꿈을 드러내지 않았다. 엔리케가 그녀를 포르투갈의 아폰수 5세와 혼인시키려 하자 그녀는 이를 거부하고 지중해의 영해권을 장악한 아라곤 왕국의 페르난도 왕자를 선택했다. 반대가 워낙 심해 남의 눈을 피해 가며 만나야 했고 결혼도 아슬아슬하게 했다.

　마침내 엔리케가 죽고 카스티야의 여왕이 된 그는 자국의 왕위 계승 문제에 개입해온 포르투갈의 아폰수 5세와 결전을 벌여 승리하고 나라 안의 반대 세력까지 처단했다. 곧이어 페르난도가 아라곤의 왕위를 계승하자 그는 카스티야와 아라곤의 통합 왕국을 남편과 함께 통치하게 되었다. '역경의 미덕은 인내'라는 베이컨의 말이 딱 맞아떨어진 셈이다.

이사벨 1세의 인내는 권력을 얻기 위한 것만이 아니었다. 스페인의 통일을 위해 유럽의 마지막 이슬람 지역이었던 그라나다와 전쟁을 벌일 때였다. 이 전쟁에서 그라나다 왕은 두 번이나 그녀의 군대에 사로잡혔다. 그때마다 이사벨은 그라나다의 왕을 풀어주었다. 이는 완전한 승리를 얻기 위함이었을 뿐만 아니라 불필요한 파괴와 살육을 피하기 위한 전략이었다. 그라나다의 이슬람 왕이 항복했을 때 그 유명한 '알함브라 궁전을 보존해주겠다'는 약속도 그대로 지켜졌다.

이사벨은 또 콜럼버스의 신대륙 탐험에도 결정적인 역할을 했다. 그리고 "때를 기다릴 줄 몰랐다면 신대륙은 찾지 못했다"라는 말을 남겼다. 콜럼버스가 약속한 황금을 가지고 오지 못했을 때도 주위의 문책 요구를 물리치고 다시 기회를 주었다.

그 덕분에 스페인에 해외식민지 개척시대가 도래했고, 스페인의 황금시대가 열릴 수 있었다. 그는 한 나라의 여왕이기 이전에 철저한 전략가였고 자신의 믿음으로 때를 기다릴 줄 알았던 지략가였다.

한 나라의 왕실에서 공주의 신분으로 태어나 '옥으로 다듬은 백로'처럼 고상하게만 살았다면 스페인의 전성기를 일궈낼 수 있었을까? 불우한 어린 시절과 수많은 정적 때문에 날마다 '마음 졸이며 물가 모래밭에 발 쫑긋 세우고 때를 기다린' 시간이 없었다면 불가능했을 것이다.

이처럼 결정적인 타이밍은 늘 그 순간을 기다리며 준비해온 사람에게만 보이는 법이다.

우중문에게

신비로운 계책이 하늘의 이치를 깨달은 듯하고
기묘한 계략은 땅의 이치를 다 아는 듯하네
싸움에서 이긴 공 높고도 높으니
이제는 만족하고 그치는 게 어떠한가.

—을지문덕

與隋將于仲文詩

神策究天文, 妙算窮地理.
戰勝功旣高, 知足願云止.

• 고구려 명장 을지문덕(乙支文德)이 살수대첩을 앞두고 수(隋)나라 장수 우중문(于仲文)에게 보낸 시다. 적장을 한껏 치켜세우면서 이제 그만큼 공을 세웠으면 됐으니 돌아가는 게 어떠냐고 종용하는 내용이다. 기록에 남아 있는 우리나라 최고(最古)의 한시.

뛰어난 장수는 칼로 싸우지 않는다

1,400년 전의 고구려 벌판이 눈앞에 그려진다. 서기 612년 1월, 살을 에는 추위 속에 수나라 대군이 고구려를 침공했다. 전투병의 수만 113만 명, 보급병은 두 배나 되었다. 수양제는 엄청난 규모의 수륙양군으로 고구려를 초반에 쓰러뜨릴 작정이었다.

육군이 고구려의 관문인 요동성을 먼저 공격했다. 그러나 난공불락이었다. 몇 달을 공격했지만 꿈쩍도 하지 않았다. 배를 타고 바다를 건넌 수군은 지금의 대동강인 패강(浿江)을 거슬러 평양성을 압박해 들어갔다. 하지만 그마저도 신통찮았다.

마음이 급해진 양제는 외곽을 치려는 전략을 버리고 곧바로 평양성을 함락하기 위해 우중문과 우문술을 사령관으로 세우고 30만 5천 명의 별동대를 투입했다.

수의 별동대가 진격해오자 을지문덕은 거짓으로 항복하면서 적군의 상황을 살피기 위해 '호랑이 굴'로 직접 들어갔다. 당시 그의 명성이 대단해 수양제가 우중문에게 '고구려 영양왕과 을

지문덕을 만나면 반드시 잡아오라'는 밀지를 내렸다고 한다. 하지만 우쭐해진 우중문은 밀지를 잊어버리고 을지문덕을 놓아주었다. 그 사이 을지문덕은 수나라 병사들이 지친 상황을 간파했다.

적정(敵情)을 눈으로 확인한 그는 수나라 군대를 더욱 지치게 만들려고 유인작전을 세웠다. 『수서』에서 "수나라 군대가 하루 일곱 번 싸워 모두 이기자 승리감에 도취되어 계속 진격했다"고 기록한 것처럼 그는 자꾸 패하는 척하며 적을 평양성 30리 안팎까지 유인했다.

수나라 군대가 보기에 이젠 평양성만 무너뜨리면 끝이었다. 그러나 평양성은 철옹성이었다. 게다가 군량미는 떨어지고 병사들은 기진맥진했다.

바로 이때 을지문덕이 우중문에게 이 시를 보내 "그만 하면 됐으니 물러가라"고 타일렀다. 그리고 다시 한 번 거짓 항복을 하면서 "물러가면 우리 왕이 너희 황제를 찾아가 뵙겠다"고 퇴각 명분까지 제공했다.

속으로 잘됐다 싶었던 수나라 군대는 이를 명분 삼아 퇴각하기로 했다. 그들이 살수(지금의 청천강)에 이르러 무방비 상태로

강을 건너는 순간 뒤쫓던 고구려군의 총공세가 시작되었다. 그 때의 상황은 "수나라 군대가 하루 사이에 450리나 도망쳤고 30만 5천 명 가운데 살아남은 병사는 겨우 2,700명뿐이었다"라고 기록되어 있다. 이것이 그 유명한 살수대첩이다.

을지문덕은 전략과 전술에서도 우중문을 능가했지만 심리전에서도 압도적인 우위를 보였다. 지략과 용맹을 갖춘 명장이면서 시문에도 뛰어났던 것이다.

7세기 무렵의 장군이라면 힘을 앞세우는 것만으로도 족했겠지만 그는 인문학적 소양을 갖춘 지장(智將)이었던 것이다. 그래서 상대를 욕하거나 조롱하지 않고 명분을 살려 칭찬까지 해가면서 전쟁을 끝내자고 제안할 줄 알았다.

특히 마지막 구절은 "족함을 알면 욕되지 않고, 그칠 줄 알면 위태롭지 않다(知足不辱, 知止不殆)"라는 노자의 『도덕경(道德經)』을 인용한 것이니 그의 내공이 얼마나 깊었는지 알 수 있다. 그 속에는 '싸움을 끝내지 않으면 반드시 대가를 치를 것'이라는 경고의 메시지도 숨겨져 있다.

병법에 '명장은 싸우지 않고 이기는 자'라고 했다. 을지문덕

은 '좋은(good) 리더를 넘어 위대한(great) 리더'의 조건을 다 갖
춘 인물이었던 것이다.

옛시 읽는 CEO, 순간에서 영원을 보다

난을 가꾸는 뜻

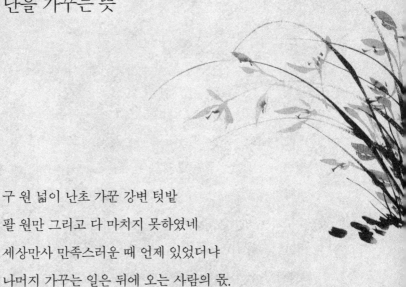

구 원 넓이 난초 가꾼 강변 텃밭
팔 원만 그리고 다 마치지 못하였네
세상만사 만족스러운 때 언제 있었더냐
나머지 가꾸는 일은 뒤에 오는 사람의 몫.

― 정섭

八畹蘭

九畹蘭花江上田, 寫來八畹未成全.
世間萬事何時足, 留取栽培待後賢.

• 대나무를 그리면서 벌과 나비가 수선 떠는 것을 피하려 꽃을 그리지 않았다는
정섭(鄭燮, 1693~1765)의 성정이 그대로 드러난 시다.

미완의 가치와 여백

이 시에 나오는 구원(九畹)은 초나라 시인 굴원의 난초 밭 넓이를 말한다. 시인은 구원 중에서 팔원만 그리고 나머지는 뒤에 오는 사람의 몫으로 남겨 놓는다고 노래한다. 완전무결한 결과를 추구하는 게 아니라 그 과정에서의 배움이나 덕성을 중요하게 여기라는 뜻이다.

결과지상주의 사회에서는 성과에 집착한다. 그렇다 보니 과정의 정당성과 노력의 가치보다 요령과 편법이 앞서는 현상까지 생긴다.

미국의 에너지 관련 기업 엔론이 분식회계와 정경유착 스캔들로 수백억 달러의 빚을 안고 파산한 것도 그렇다. 사건의 전모가 드러나기 전까지 엔론은 잘나가는 미국의 7대 에너지 기업이었지만 결국 얄팍한 요령과 편법이 큰 재앙을 몰고 올 수 있다는 것을 여실히 보여주었다.

많은 사람들을 감동시킨 영화 「우리 생애 최고의 순간」은 그 반대의 예다. 이 영화는 2004년 아테네 올림픽 여자 핸드볼 국가대표 팀의 눈물겨운 이야기를 다루었다. 결과지상주의의 관점에서 볼 때 이들에게 메달의 가능성은 그리 없어 보였다. 이미 은퇴하여 아줌마가 다 된 선수들을 불러모아 급조한 팀인 데다 국가대표라곤 하지만 하루 2만 원밖에 못 받는 열악한 조건에 처해 있었다. 그러나 이들은 결승전까지 진출했다. 연장에 연장을 거듭하며 분투한 끝에 은메달을 따내는 순간 사람들은 열광했다. 영화에서는 눈물을 흘리는 선수들에게 감독이 "울지 말자"고 말한다. 울 이유가 없었던 것이다. 메달 색깔보다 과정이 소중하다는 것을 알기 때문이다.

역사 속에서도 실패한 인물이 오히려 많은 사람들의 기억에 남는 경우가 많다. 제갈공명은 뛰어난 지략과 병법으로 수많은 적군을 물리쳤으나 결국 사마의에게 졌다. 그러나 역사는 사마의보다 제갈공명을 더 기억한다.

한때 로마를 위협하고 지중해 최강자로 군림했던 한니발은 어떤가. 그 역시 패장이었다. 그러나 사람들은 그를 굴복시킨 로마의 스키피오 장군보다 그를 더 명장(名將)으로 기억한다. 이들이 결과보다 과정에서 보여준 리더십과 삶의 가치가 돋보였기 때문이다.

개인의 과업도 마찬가지다. 오랜 시간이 걸리더라도 제대로 수행하는 것과 그렇지 않은 것의 차이는 크다. 덕을 쌓는 것에 끝이 없듯 미완에 그치더라도 가치 있는 노력의 의미는 빛난다. 그것은 지금 당장이 아니라 '뒤에 오는 사람'들이 평가할 몫이기 때문이다.

이런저런 생각

큰 바다 파도는 얕고
사람 한 치 마음은 깊네
바다는 마르면 바닥을 드러내지만
사람은 죽어도 그 마음 알 수가 없네.

―두순학

感遇

大海波濤淺, 小人方寸深.
海枯終見底, 人死不知心.

• 두순학(杜荀鶴, 846~907)은 만당(晩唐)의 현실주의 경향을 대표하는 시인이다. '어려서부터 뾰족뾰족 풀숲에서 고개 들더니, 어느새 덤불 헤치고 솟아오르네. 사람들은 장차 구름 위로 솟을 그 나무 몰라보고, 구름 위로 솟은 뒤에야 그 나무 높다 하네'라는 시 「어린 소나무(小松)」도 유명하다.

내 귀가 나를 가르친다

당나라 시인 두순학은 여러 번 과거에 응시했지만 번번이 낙방
하다 마흔여섯이 되어서야 겨우 진사가 되었다. 아마도 그의 깊
은 속마음을 알아주는 사람이 많지 않았나 보다. 그래서일까.
이 시를 우리 속담과 겹쳐 읽으면 '열 길 물속은 알아도 한 길
사람 속은 모른다'는 것과 같은 이치다.

　참으로 사람 속은 알 수가 없다. 너무나 변화무쌍해서 첨단
과학으로도 어찌해볼 도리가 없는 게 마음이다. 사회적인 여론
분석이나 소비자 분석의 경우 적중률이 90퍼센트를 넘는다고
한다. 하지만 결국 10퍼센트의 오차로 뜻밖의 결과와 맞닥뜨리
는 일이 많다. 기업이 새로운 제품을 내놓을 때 확신을 갖고 기
대했다가 고객들의 차가운 반응에 당혹해하는 일도 비일비재
하다.

　시끄러운 술자리에서도 누군가 자신의 이름을 입에 올리면

금방 알아챈다. 혼잡한 번화가를 걷다가도 동전 떨어지는 소리가 들리면 즉각 고개를 돌린다. 버스나 지하철에서 꾸벅꾸벅 졸다가 내려야 할 곳의 안내방송이 나오면 용케도 그 소리를 알아듣고는 잠에서 번쩍 깨기도 한다.

심리학자들은 이런 현상을 '칵테일파티 효과'로 설명한다. 칵테일파티 효과란 잡음 중에서 흥미가 있는 음만을 선별해서 듣는 현상이다. 그런데 이 칵테일파티 효과가 '확증편향'이라는 심리현상과 결합되면 올바른 결정을 방해하기도 한다. 확증편향은 자신의 행위나 언동을 정당화하기 위해 유리한 정보만 모으는 현상을 말한다. 주식을 산 사람은 주식이 오르길 바라는 마음에 '오른다'는 사실을 뒷받침하는 정보에만 집중하게 된다. 주식을 팔고 싶다는 생각이 들면 매수 시점을 찾기 위해 부정적인 정보만 찾게 된다. '로또 1등이 나온 집'이란 현수막이 걸린 가게만 골라 복권을 사는 심리, 같은 돈이라도 '공돈'이 더 쉽게 주머니에서 나가는 이유도 마찬가지다.

그만큼 우리는 비이성적인 심리 요인 때문에 합리적으로 선택하지 못하는 우를 자주 범한다. 이는 곧 자기 생각에만 골몰하게 되는 '아집'과 맞닿아 있다. 그런데도 우리는 칵테일파티 효과에 자주 빠진다.

마음의 비밀은 이처럼 얄궂다. 그러나 '알 수 없는 사람 마음'
은 생각하기에 따라 긍정적으로 해석될 수도 있다. 변화무쌍한
사람의 마음을 잘 읽어내기만 하면 그것이 '기회'가 될 수 있기
때문이다.

1929년, 랜킨은 커뮤니케이션에 관한 조사에서 보통 사람들
이 의사소통을 위해 쓰기 9퍼센트, 읽기 16퍼센트, 말하기 30퍼
센트, 듣기 45퍼센트의 비율로 시간을 사용한다는 사실을 알아
냈다. 사람의 마음을 알기 위해서는 '듣기'를 가장 많이 활용해
야 한다는 말이다. 그러나 단순히 마음을 아는 데서 그치지 않
고 그 마음을 얻으려면, 듣되 제대로 들어야 한다. 그런 점에서
상대에 대한 이해와 공감이 갖춰진 '경청'이야말로 사람의 마음
을 얻는 최상의 방법이다.

"내 귀가 나를 가르쳤다"는 유명한 말을 남긴 칭기즈칸은 쓰
지도 읽지도 못하는 사람이었지만 경청을 통해 지혜를 얻었다.
지위고하를 막론하고 많은 사람과 교감을 나누기를 좋아했던
그는 늘 듣는 귀를 열어두고 누구의 말이든 세심하게 들었다.

그는 '우선 적게 말하라'와 '듣지 않고는 결정하지 마라'를 생활철칙으로 삼았다. 소소한 결정에도 참모들의 의견을 구했으며, 심지어는 포로로 잡혀온 적에게도 귀를 열어 생사에 대한 선택권을 주었다.

《일본경제신문》에서 잘나가는 영업사원들의 영업화술을 조사한 결과에서도 '무조건 상대방의 이야기를 듣는다'는 응답이 1위로 나타났다. 상대에게 더 많이 말하게 할수록, 상대의 말에 귀 기울이는 시간이 길수록 상대의 마음을 얻는다는 것이다.

이런 원칙을 잘 지킨 칭기즈칸은 자신의 뜻을 관철시키기 이전에 마음과 귀를 열고 상대의 마음을 보려고 노력했다. 이는 부하들에게도 의욕적으로 일할 수 있는 원동력이 돼주었다.

離別

丈夫非無淚, 不灑離別間.
仗劍對樽酒, 恥爲游子顏.
蝮蛇一螫手, 壯士疾解腕.
所思在功名, 離別何足歎.

이별

대장부라고 눈물이 없는 것 아니지만

이별이 슬퍼서 흘리지는 않는다네

칼 짚고 큰 술통 앞에 서서

헤어지기 섭섭해 하는 모습은 부끄러운 일

독사가 손을 물면

장사는 팔을 자르는 법

공명에 큰 뜻을 두었으니

어찌 이별 따위를 안타까워할 것이랴.

―육구몽

• 육구몽(陸龜蒙, ?~881)은 당나라의 시인이자 농학자이다. 송강(松江)의 보리(甫里)에 은거하며 농경을 장려하고 시서(詩書)를 즐겼다.

독사에 물린 팔은 잘라내야 하는 법

시 전편에 대장부의 드높은 기개가 넘쳐흐른다.

하지만 대장부라 하여 어찌 눈물이 없겠는가! 다만 아무데서나 울지 않을 뿐이다. 극도로 절제된 감정 뒤에 숨겨진 큰 그림이 감동을 준다.

육구몽은 보리에서 전원생활을 하며 농사에 깊은 관심을 가졌다. 그래서 '보리 선생'이라고도 불렸는데, 비단 농경사업뿐만 아니라 시에도 조예가 깊어 전원자연파 시인으로도 알려졌다.

육구몽이 노래한 「이별」은 대장부의 자세를 설파한 맹자의 말과 맞닿는다. 맹자는 출세했을 때 방탕해져 타락하지 않고, 궁지에 처했을 때 뜻을 바꿔 행동을 달리하지 않으며, 부당한 힘에 굴복하지 않는 게 정정당당한 대장부라고 했다.

이처럼 절개를 가진 대장부는 세상에서 가장 넓은 집인 '인(仁)'에 살고, 세상에서 가장 올바른 자리인 '예(禮)'에 서서, 세상에서 가장 밝은 길인 '의(義)'를 걷는 사람이다. 그래서 절개가 내면에 있으면 '인덕(仁德)'이 되고 밖으로 드러나면 '지조(志操)'가 된다고 했다.

이런 대장부에게 이별이란 눈물을 펑펑 흘리는 감상의 대상이 아니다. 겉으론 냉정하고 매몰차게 보일지언정 속으로 자신의 아픔을 삭여야 하는 극복의 대상인 것이다.

공명을 앞둔 대장부의 감정뿐만 아니라 남녀간의 사랑에서도 마찬가지다.

영화 「카사블랑카」에서 이런 감정의 절제를 공감할 수 있다. 1940년 프랑스의 식민지였던 모로코의 카사블랑카. 전쟁의 소용돌이에 휩쓸려 가기 직전의 스산한 분위기다. 담배연기 자욱한 카페에서 한 흑인 피아니스트가 「As time goes by」를 연주하고 있을 때 한 남자와 한 여자가 조용히 옛정을 회상한다.

여자가 아직도 자신을 사랑한다는 것을 알지만 남자는 그녀를 떠나보내려 한다. 남자 역시 그 여자를 사랑하고 있지만 욕심을 내선 안 된다는 걸 알기에, 그녀의 새로운 사랑을 지켜주어야 하기에 '슬프지만 극도로 절제된' 모습만 드러낸다. 험프리 보가트의 절제된 눈빛과 퉁명스런 대사가 오히려 그의 깊은 사랑을 느끼게 해준다.

그래서 그런가. 카사블랑카의 꽃말은 '웅대한 사랑'이다.

우물 속의 달

산중의 스님이 달빛을 탐하여
호리병 속에 물과 함께 길었네
절에 들어가면 깨닫게 될 것
병 기울여도 그 속에 달이 없다는 것을.

―이규보

詠井中月

山僧貪月色, 幷汲一瓶中.
到寺方應覺, 瓶傾月亦空.

• 이규보(李奎報, 1168~1241)는 고려시대의 명문장가로, 그의 시풍은 당대 최고로
평가 받았다. 몽골군의 침입을 진정표(陳情表)로 격퇴해 더욱 유명해졌다.

집착의 끝은 공(空)이다

청풍명월은 임자가 따로 없다. 누구나 마음대로 취한들 탓할 사람도 없다. 산중의 바람이나 달은 다른 곳보다 더 맑고 밝으니 스님의 차지도 그만큼 풍족할 것이다. 굳이 탐했다고 할 나위도 없다. 그런데 스님이 우물 속에 금빛으로 넘실거리는 달을 병속에 물과 함께 길었다.

부질없는 짓이었다. 달빛은 절 처마 밑으로만 들어가도 비치지 않고, 병 속의 물을 다 기울여도 나올 리가 없다. 그것은 그저 하나의 색(色)일 뿐이다. 하긴 '색이 곧 공이오. 공이 곧 색(色即是空, 空即是色)'이라 하지 않는가.

이규보의 시에도 '색'과 '공'이 함께 나온다. 1구 '산승탐월색(山僧貪月色)'의 마지막 글자인 '색'과 4구 '변경월역공(瓶傾月亦空)'의 마지막 글자인 '공'이 색즉시공을 함축하고 있다. 인생이란 것이 가만히 보면 '색'이고 '공'이다. 어떤 모습을 드러내고 살더라도 죽고 나면 아무것도 남지 않으니 말이다.

이규보는 평소에 시와 술, 그리고 거문고 이 세 가지를 좋아하여 '삼혹호 선생(三酷好 先生)'으로 불렸다. 워낙 술을 좋아하고 풍류를 즐겨 과거시험에는 관심도 없고 시회(詩會)에 드나드는 데 열중해 스무 살이 될 때까지 사마시(司馬試)에 세 번이나 낙방했다. 심지어 자신의 호를 백운거사(白雲居士)로 바꿀 만큼 구름 속에 묻혀 있는 처지에 만족했다.

산승의 작은 욕심에 빗대어 인간의 탐욕이 얼마나 덧없는지를 이야기하는 이 시는 일종의 '선시(禪詩)'다. 만년에 불교에 귀의할 정도로 선(禪)에 관심이 많았던 이규보는 스님들에게 자신의 깨달음을 시로 표현하며 가르침을 주었다고 한다. 선종(禪宗)에서 강조하는 것이 탐욕을 버리고 마음을 비우라는 것 아닌가. 탐하면 병이 되고, 생각이나 어떤 틀에 얽매인다는 것 자체가 집착이라는 것이다.

이규보는 스물두 살에 사마시에 장원으로 합격한 뒤 스물셋에 예부시에 동진사로 급제했다. 생각보다 낮은 등급으로 합격하자 사퇴하려 했지만 부친의 만류로 그럴 수 없었다. 과거급제를 축하하는 잔치에서 그는 사람들에게 이렇게 말했다.

"내가 비록 급제한 과거는 낮으나 어찌 서너 번쯤 과거의 고열관이 되어 문하생을 배출하지 못하랴."

당장의 처지가 아쉬워도 비굴하지 않겠다는 그의 의지를 보여준 일화다.

그렇지만 그의 벼슬길은 순탄하지 않았다. 어렵게 과거에 합격했지만 8년 동안 보직이 없었고, 30대가 되어서야 전주목사록에 임명되었지만 부정한 일을 제대로 잡으려다 오히려 모함을 받자 사직하고 만다.

평탄치 않은 삶에 비해 문학적 재능이 뛰어났던 그는 인생의 덧없음과 색즉시공의 원리를 더 빨리 체득했다. 물질적인 부와 성공을 향해 달려가더라도 결국 공수래공수거(空手來空手去)인데, 그것에 집착한다는 것이 얼마나 허무한가를 깨달은 것이다.

집착의 끝이 공(空)임을 깨닫게 되면 눈앞의 욕심으로 그르칠 일도 없지 않겠는가.

제자에게

푸른 산 그윽이 아름다운 경색
조상이 후손에게 물려주신 것
후손들아 얻었다고 기뻐만 하지 마라
다시 그것 거둬갈 사람 뒤에 있느니라.

— 범중엄

書扇示門人

一派青山景色幽，前人田地後人收.
後人收得休歡喜，還有收人在後頭.

• 범중엄(范仲淹, 989~1052)은 중국 송나라의 유명한 재상정치가이자 학자이다.

만월에 취하지 마라, 내일이면 기울 것을

범중엄은 송나라의 사대부 기풍을 확립하고 육경과 역경에 통달했던 인물이다. 그는 늘 천하를 겸허히 바라보며 자신을 앞세우지 않았던 개혁가이자 문인이었다. 시에서 밝힌 것처럼 푸르디푸른 산의 절경을 보고 당장 눈에 보이는 아름다움만 경탄하는 게 아니라 그 몫을 후손들에게 물려줄 것이라고 이야기한다.

두 살 때 아버지를 여의고 개가한 어머니 밑에서 어렵게 자란 그는 재상의 자리에 올라 부귀영화를 누릴 수 있었음에도 늘 검소하게 생활했다. 그래서일까. 산의 절경을 보고 조상과 후손을 동시에 생각하는 도량을 지녔다.

범중엄은 인재양성과 부국강병의 개혁조치인 경력신정(慶曆新政)을 제안하고 실행했다. 기득권 세력의 반발로 실패하긴 했지만 나중에 왕안석에 의해 개혁은 다시 이루어졌다. 그가 시에서 순환의 연결고리를 이야기한 것과 닮았다.

이 시를 읽다가 선인들의 가훈을 엮은 『호걸이 되는 것은 바라지 않는다』를 다시 펼쳤다. 거기에 이런 대목이 나온다.

"호걸이 되는 일은 내가 실로 바라는 바가 아니다. 다만 너희가 이 가훈을 지켜서 날마다 삼가 '삼가는 선비'로 불리며 선조들께 부끄러움을 끼치지 않게 되기를 바란다."

이는 신숙주의 가르침이다. 호걸은 누구나 꿈꾸는 남자의 이상이지만 '삼가는 자세'가 없으면 오히려 화의 근원이 된다. 신숙주는 아들에게 일세를 호령하는 호걸이나 재주 높고 빼어난 인물이 되려 하지 말고 낮추고 비워서 근학하는 사람이 되라고 신신당부했다. 난세를 헤쳐온 아버지의 뜻이 그대로 전해져 온다.

빼어난 경치를 보고도 후손을 먼저 생각하는데, 하물며 후세를 위한 교육에서야 오죽하랴. 그래서 옛사람의 자식 교육은 이처럼 꼼꼼하고 따끔했다. 자식이 잘못된 길을 가면 호되게 나무라고 벼슬길에 나설 때는 더욱 겸손하라고 가르쳤다.

고산 윤선도는 74세 때 함경도 귀양지에서 집안의 앞날을 걱정하며 간곡한 당부편지를 큰아들에게 보냈다. 보물 제482호로

해남 녹우당에 보관되어 있는 이 편지에서 그는 "달도 차면 기운다고 했으니 사람의 일도 늘 가득 찼을 때를 조심하지 않으면 안 된다. 가득 참은 덜어냄을 부르고 겸손함은 유익함을 준다는 지극한 가르침을 마음에 새기고 뼈에 새기라"고 조언했다.

면앙정 송순은 천재지변으로 민심이 흉흉할 때 친구들과 어울려 술판을 벌인 자식들에게 "이는 머릿속에 살다 보니 빛이 검어지고, 사향노루가 잣을 따먹는 동안 배꼽에 잣향내가 스미는 것처럼 사람도 가까이 하는 사람에게 물이 드니 부디 유익한 벗을 사귀라"고 충고했다.

명문(名門)이나 명가(名家)는 실로 하루아침에 이루어지지 않는다. 그래서 옛 아버지들은 자녀교육에 가장 많은 신경을 썼다. 숙종 때 남인과 노론의 당쟁에 휘말려 유배지인 진도에서 사약을 받은 김수항은 죽기 전 "언제나 겸퇴의 뜻을 지니고 집안에 독서하는 종자가 끊이지 않게 하라"는 유언을 남겼다. 생전에도 그는 손자들의 이름에 '겸(謙)'을 돌림자로 써서 자신을 낮추고 지나침을 경계하라는 뜻을 일렀다.

그러나 이런 가르침을 받은 자식이라고 모두 훌륭하게 되었을까. 4대가 연거푸 형벌로 죽은 김수항의 집안은 모진 역경 속에서도 아버지의 당부를 지켜 가문을 되살렸지만 신숙주의 넷째아들은 '호걸욕심'을 부리며 서른도 되기 전에 재상이 되었다가 과욕으로 사형을 당하고 말았다. 훌륭한 유훈보다 그것을 지키는 마음이 얼마나 중요한지를 일깨워주는 사례다.

중국에서도 예로부터 자녀 교육에 유별난 정성을 기울였다. 명 태조 주원장은 태자들의 학교인 대본당을 짓고 전국의 유학자들을 불러 선생으로 삼았다. 그의 아들 성조는 자신이 세운 업적을 태자가 지킬 수 있도록 『성학심법』을 직접 편찬하기도 했다.

이처럼 후손에게 '호걸'을 욕심낼 게 아니라 절경을 보면서도 '다시 그것 거둬갈 사람 뒤에 있다'는 세상 이치를 가르치는 일은 매우 중요하다. 이것은 가정에만 해당되는 것이 아니라 기업이나 사회 전체에 그대로 적용되는 우주의 섭리이기도 하다.

미인의 뒷모습

미인이 등 돌려 옥난간에 기대었으니
안타까워라 꽃다운 얼굴 한번 보기 어렵네
몇 번을 불러도 고개 돌리지 않는 그녀
급한 마음에 그림을 뒤집어서 본다네.

—진초남

題背面美人圖

美人背倚玉欄干, 惆悵花容欲見難.
幾度喚他他不轉, 癡心欲掉畫圖看.

뒷모습이 아름다운 사람은 내면이 도타운 사람이다.
가만히 있어도 불러보고 싶은 사람,
뒷모습이 참해서 돌려보고 싶은 사람,
못 보면 안타까워 옥난간을 휘돌아가고픈 사람…….
살다가 한 번쯤 가던 길 멈춰서서
내 뒷모습을
거울에 비춰볼 일이다.

옛시 원문 및 독음

暮春游小園(늦봄에 • 왕기) 008

一從梅粉褪殘妝, 塗抹新紅上海棠. 開到茶蘼花事了, 絲絲天棘出莓墻.
일 종 매 분 퇴 잔 장　도 말 신 홍 상 해 당　개 도 도 미 화 사 료　사 사 천 극 출 매 장

早發白帝城(아침 일찍 백제성을 떠나며 • 이백) 016

朝辭白帝彩雲間, 千里江陵一日還. 兩岸猿聲啼不住, 輕舟已過萬重山.
조 사 백 제 채 운 간　천 리 강 릉 일 일 환　양 안 원 성 제 부 주　경 주 이 과 만 중 산

寄家書(따뜻한 편지 • 이안눌) 022

欲作家書說苦辛, 恐敎愁殺白頭親. 陰山積雪深千丈, 却報今多暖似春.
욕 작 가 서 설 고 신　공 교 수 살 백 두 친　음 산 적 설 심 천 장　각 보 금 동 난 사 춘

濟危寶(제위보 • 이제현) 032

浣紗溪上傍垂楊, 執手論心白馬郎. 縱有連簷三月雨, 指頭何忍洗餘香.
완 사 계 상 방 수 양　집 수 논 심 백 마 랑　종 유 연 첨 삼 월 우　지 두 하 인 세 여 향

題都城南莊(도성 남쪽 장원에서 • 최호) 038

去年今日此門中, 人面桃花相映紅. 人面不知何處去, 桃花依舊笑春風.
거 년 금 일 차 문 중　인 면 도 화 상 영 홍　인 면 부 지 하 처 거　도 화 의 구 소 춘 풍

梨花雨 흣쑤릴 제(이화우 흣뿌릴 제 • 매창) 043

梨花雨 흣쑤릴 제 울며 잡고 離別ᄒ님 秋風落葉에 저도 날 싱각는가
千里에 외로온 쑴만 오락가락ᄒ노매

山行(산행 · 송익필) 050

山行忘坐坐忘行, 歇馬松陰聽水聲. 後我幾人先我去, 各歸其止又何爭.
산 행 망 좌 좌 망 행　헐 마 송 음 청 수 성　후 아 기 인 선 아 거　각 귀 기 지 우 하 쟁

新月(초승달 · 곽말약) 056

新月如鎌刀, 斫上山頭樹. 倒地却無聲, 游枝亦橫路.
신 월 여 겸 도　작 상 산 두 수　도 지 각 무 성　유 지 역 횡 로

七步詩(칠보시 · 조식) 061

煮豆持作羹, 漉豉以爲汁. 其在釜底然, 豆在釜中泣. 本是同根生, 相煎何太急.
자 두 지 작 갱　녹 시 이 위 즙　기 재 부 저 연　두 재 부 중 읍　본 시 동 근 생　상 전 하 태 급

東湖(동호의 봄물결 · 정초부) 066

東湖春水碧於藍, 白鳥分明見兩三. 柔櫓一聲飛去盡, 夕陽山色滿空潭.
동 호 춘 수 벽 어 람　백 조 분 명 견 량 삼　유 로 일 성 비 거 진　석 양 산 색 만 공 담

我儂詞(아농사 · 관도승) 072

你儂我儂, 忒煞情多, 情多處, 熱似火. 把一塊泥, 捻一個你, 塑一個我.
이 농 아 농　특 살 다 정　정 다 처　열 사 화　파 일 괴 니　염 일 개 이　소 일 개 아
將咱兩個, 一齊打破, 用水調和. 再捻一個你, 再塑一個我.
장 찰 양 개　일 제 타 파　용 수 조 화　재 념 일 개 이　재 소 일 개 아
我泥中有你, 你泥中有我. 與你生同一個衾, 死同一個槨.
아 니 중 유 이　이 니 중 유 아　여 이 생 동 일 개 금　사 동 일 개 곽

燕巖憶先兄(연암에서 형님을 생각하며 • 박지원) 076

我兄顏髮曾誰似, 每憶先君看我兄. 今日思兄何處見, 自將巾袂映溪行.
아 형 안 발 증 수 사 매 억 선 군 간 아 형 금 일 사 형 하 처 견 자 장 건 몌 영 계 행

離騷(이소 • 굴원) 080

長太息以掩涕兮, 哀民生之多艱. 余雖好修姱以鞿羈兮, 謇朝誶而夕替.
장 태 식 이 엄 체 혜 애 민 생 지 다 간 여 수 호 수 과 이 기 기 혜 건 조 수 이 석 체
既替余以蕙纕兮, 又申之以攬茝. 亦余心之所善兮, 雖九死其猶未悔.
기 체 여 이 혜 양 혜 우 신 지 이 람 채 역 여 심 지 소 선 혜 수 구 사 기 유 미 회

望嶽(태산을 바라보며 • 두보) 086

岱宗夫如何, 齊魯青未了. 造化鍾神秀, 陰陽割昏曉.
대 종 부 여 하 제 노 청 미 료 조 화 종 신 수 음 양 할 혼 효
盪胸生曾雲, 決眥入歸鳥. 會當凌絶頂, 一覽衆山小.
탕 흉 생 층 운 결 자 입 귀 조 회 당 릉 절 정 일 람 중 산 소

蔽月山房詩(산에서 보는 달 • 왕양명) 090

山近月遠覺月小, 便道此山大於月. 若人有眼大如天, 還見山小月更闊.
산 근 월 원 각 월 소 편 도 차 산 대 어 월 약 인 유 안 대 여 천 환 견 산 소 월 경 활

我古瓦硯(낡은 벼루 • 구양수) 096

磚瓦賤微物, 得厠筆墨間. 于物用有宜, 不計醜與姸.
전 와 천 미 물 득 치 필 묵 간 우 물 용 유 의 불 계 추 여 연
金非不爲寶, 玉豈不爲堅. 用之以發墨, 不及瓦礫頑.
금 비 불 위 보 옥 개 불 위 견 용 지 이 발 묵 불 급 와 력 완

乃知物雖賤, 當用價難攀. 豈惟瓦礫爾, 用人從古難.
내지물수천　당용가난반　개유와력이　용인종고난

題關王廟(관양묘에서 • 이단전) 102

古廟幽深白日寒, 儼然遺像漢衣冠. 當時未了中原事, 赤兎千年不解鞍.
고묘유심백일한　엄연유상한의관　당시미료중원사　적토천년불해안

七夕(칠월칠석 • 이옥봉) 107

無窮會合豈愁思, 不比浮生有別離. 天上却成朝暮會, 人間謾作一年期.
무궁회합기수사　불비부생유별리　천상각성조모회　인간만작일년기

對酒(술잔을 들며 • 백거이) 113

蝸牛角上爭何事, 石火光中寄此身. 隨富隨貧且歡樂, 不開口笑是癡人
와우각상쟁하사　석화광중기차신　수부수빈차환락　불개구소시치인

十年을 經營ᄒ여(십 년을 경영하여 • 송순) 120

十年을 經營ᄒ여 草廬三間 지여내니
나 ᄒ 간 돌 ᄒ 간에 淸風 ᄒ 간 맛져 두고
江山은 들일 듸 업스니 둘러 두고 보리라

山行(산행 • 두목) 126

遠上寒山石徑斜, 白雲生處有人家. 停車坐愛楓林晚, 霜葉紅於二月花.
원상한산석경사　백운생처유인가　정거좌애풍림만　상엽홍어이월화

將進酒辭(한 잔 먹세그려 • 정철) 130

호 盞 먹새그려 또 호 盞 먹새그려
곳 깃거 算 노코 無盡無盡 먹새그려
이 몸 주근 後면 지게 우히 거적 더퍼 주리혀 미여가나
流蘇寶帳의 萬人이 우러녜나

어욱새 속새 덥가나무 白楊수폐 가기곳 가면
누른 ᄒ 흰 돌 ᄀᄂ비 굴근 눈 쇼쇼리 ᄇ람 불 제
뉘 호 盞 먹쟈 홀고
ᄒ믈며 무덤 우히 진 나비 ᄑ람 불 제
뉘우춘돌 엇디리

竹一題畵(대나무를 그리면서 • 정섭) 135

一節復一節, 千枝攢萬葉. 我自不開花, 免燎蜂與蝶.
일절부일절 천지찬만엽 아자불개화 면요봉여접

自歎(자탄 • 이황) 140

已去光陰吳所惜, 當前功力子何傷. 但從一簣爲山日, 莫自因循莫太忙.
이거광음오소석 당전공력자하상 단종일궤위산일 막자인순막태망

書春陵門扉(사립문 • 주돈이) 146

有風還自掩, 無事晝常關. 開闔從方便, 乾坤在此間.
유풍환자엄 무사주상관 개합종방편 건곤재차간

有風月下獨酌 (달빛 아래 홀로 술을 마시며 • 이백) 150

花間一壺酒, 獨酌無相親. 擧杯邀明月, 對影成三人.
화 간 일 호 주 독 작 무 상 친 거 배 요 명 월 대 영 성 삼 인

月旣不解飮, 影徒隨我身. 暫伴月將影, 行樂須及春.
월 기 불 해 음 영 도 수 아 신 잠 반 월 장 영 행 락 수 급 춘

我歌月徘徊, 我舞影零亂. 醒時同交歡, 醉後各分散.
아 가 월 배 회 아 무 영 령 란 성 시 동 교 환 취 후 각 분 산

永結無情游, 相期邈雲漢.
영 결 무 정 유 상 기 막 운 한

閨意獻張水部 (장수부에게 올림 • 주경여) 156

洞房昨夜停紅燭, 待曉堂前拜舅姑. 粧罷低聲問夫婿, 畵眉深淺入時無.
동 방 작 야 정 홍 등 대 효 당 전 배 구 고 장 파 저 성 문 부 서 화 미 심 천 입 시 무

曲江二首(一) (곡강이수 1 • 두보) 161

一片花飛減却春, 風飄萬點正愁人. 且看欲盡花經眼, 莫厭傷多酒入脣.
일 편 화 비 감 각 춘 풍 표 만 점 정 수 인 차 간 욕 진 화 경 안 막 염 상 다 주 입 순

江上小堂巢翡翠, 苑邊高塚臥麒麟. 細推物理須行樂, 何用浮名絆此身.
강 상 소 당 소 비 취 원 변 고 총 와 기 린 세 추 물 리 수 행 락 하 용 부 명 반 차 신

曲江二首(二) (곡강이수 2 • 두보) 162

朝回日日典春衣, 每日江頭盡醉歸. 酒債尋常行處有, 人生七十古來稀.
조 회 일 일 전 춘 의 매 일 강 두 진 취 귀 주 채 심 상 행 처 유 인 생 칠 십 고 래 희

穿花蛺蝶深深見, 點水蜻蜓款款飛. 傳語風光共流轉, 暫時相賞莫相違.
천 화 협 접 심 심 견 점 수 청 정 관 관 비 전 어 풍 광 공 류 전 잠 시 상 상 막 상 위

和子由(자유에게 화답하다 • 소동파) 168

人生到處知何似, 應似飛鴻踏雪泥. 泥上偶然留指爪, 鴻飛那復計東西.
인 생 도 처 지 하 사   응 사 비 홍 답 설 니   이 상 우 연 유 지 조   홍 비 나 부 계 동 서

北窓이 묽다커늘(북쪽 하늘 맑다기에 • 임제) 173

北窓이 묽다커늘 雨裝업시 길을 난이
산에는 눈이 오고 들에는 찬비로다
오늘은 춘비 맞잣시니 얼어 잘까 ㅎ노라

白鷺鷥(해오라기 • 노동) 178

刻成片玉白鷺鷥, 欲捉纖鱗心自急. 翹足沙頭不得時, 傍人不知謂閑立.
각 성 편 옥 백 로 사   욕 착 섬 린 심 자 급   교 족 사 두 부 득 시   방 인 부 지 위 한 립

與隋將于仲文詩(우중문에게 • 을지문덕) 184

神策究天文, 妙算窮地理. 戰勝功旣高, 知足願云止.
신 책 구 천 문   묘 산 궁 지 리   전 승 공 기 고   지 족 원 운 지

八畹蘭(난을 가꾸는 뜻 • 정섭) 189

九畹蘭花江上田, 寫來八畹未成全. 世間萬事何時足, 留取栽培待後賢.
구 원 란 화 강 상 전   사 래 팔 원 미 성 전   세 간 만 사 하 시 족   유 취 재 배 대 후 현

感遇(이런저런 생각 • 두순학) 193

大海波濤淺, 小人方寸深. 海枯終見底, 人死不知心
대 해 파 도 천   소 인 방 촌 심   해 고 종 견 저   인 사 부 지 심

離別(이별 • 육구몽) 198

丈夫非無淚, 不灑離別間. 仗劍對樽酒, 恥爲游子顔.
장 부 비 무 루   불 쇄 이 별 간   장 검 대 준 주   치 위 유 자 안
蝮蛇一螫手, 壯士疾解腕. 所思在功名, 離別何足歎.
복 사 일 석 수   장 사 질 해 완   소 사 재 공 명   이 별 하 족 탄

詠井中月(우물 속의 달 • 이규보) 203

山僧貪月色, 幷汲一瓶中. 到寺方應覺, 瓶傾月亦空.
산 승 탐 월 색   병 급 일 병 중   도 사 방 응 각   병 경 월 역 공

書扇示門人(제자에게 • 범중엄) 207

一派靑山景色幽, 前人田地後人收. 後人收得休歡喜, 還有收人在後頭.
일 파 청 산 경 색 유   전 인 전 지 후 인 수   후 인 수 득 휴 환 희   환 유 수 인 재 후 두

題背面美人圖(미인의 뒷모습 • 진초남) 212

美人背倚玉欄干, 憫悵花容欲見難. 幾度喚他他不轉, 癡心欲掉畫圖看.
미 인 배 의 옥 란 간   추 창 화 용 욕 견 란   기 도 환 타 타 부 전   치 심 욕 도 화 도 간

KI신서 6650

옛시 읽는 CEO,
순간에서 영원을 보다
옛시 한 수에서 배우는 창조적 영감

1판 1쇄 인쇄 2016년 7월 12일
1판 1쇄 발행 2016년 7월 20일

지은이 고두현
펴낸이 김영곤 **펴낸곳** ㈜북이십일 21세기북스
출판사업본부장 안형태
출판기획팀장 신주영 **편집** 윤경선
디자인 씨디자인: 조혁준 함지은 조정은 김하얀
출판영업 이경희 이은혜 권오권
출판마케팅 김홍선 최성환 백세희 조윤정
제작 이영민 **홍보** 이혜연

출판등록 2000년 5월 6일 제406-2003-061호
주소 (우 10881) 경기도 파주시 회동길 201(문발동)
대표전화 031-955-2100 **팩스** 031-955-2151
이메일 book21@book21.co.kr

ISBN 978-89-509-6597-6 03320

㈜북이십일 경계를 허무는 콘텐츠 리더

21세기북스 채널에서 도서 정보와 다양한 영상자료, 이벤트를 만나세요!
가수 요조, 김관 기자가 진행하는 팟캐스트 '[북팟21] 이게 뭐라고'

페이스북 facebook.com/21cbooks **블로그** b.book21.com
인스타그램 instagram.com/21cbooks **홈페이지** www.book21.com

책값은 뒤표지에 있습니다.

이 책 내용의 일부 또는 전부를 재사용하려면 반드시 ㈜북이십일의 동의를 얻어야 합니다.
잘못 만들어진 책은 구입하신 서점에서 교환해드립니다.